애티튜드
리더십

Attitude Leadership

구성원의 태도를 변화시키는   리더의 힘

허일무 지음

애티튜드 리더십!

plan b
DESIGN

"팀장 진짜 못 해 먹을 짓이네. 이렇게 많을 걸 해야 한다니!"

신임 팀장 교육을 마치고 돌아온 다니엘은 혼잣말을 내뱉었다. 교육을 통해 듣게 된 팀장의 역할과 책임이 예상보다 무거웠기 때문이었다. 승진의 기쁨은 언제 왔는지도 모르게 날아가 버렸다. 해야 할 일이 많아서가 아니었다. '팀장으로서 나는 왜 그런 역할들까지 해야 하는가?'라는 근본적인 질문 앞에서 답을 찾지 못했다.

다니엘은 뛰어난 성과를 인정받아 팀장으로 승진했지만, 막상 팀을 이끄는 일이 쉽지 않았다. 구체적으로 무엇을 해야 할지 갈피를 잡지 못했다. 교육에서 배운 리더십 스킬은 많았지만, 실제 상황에 적용하려니 모든 것이 추상적으로 느껴졌다. '왜 내가 이런 행동을 해야 하지? 그것이 팀원들에게 어떤 영향을 미칠까?' 그의 머릿속에는 끊임없는 '왜'라는 질문이 자리 잡고 있었다.

그런 다니엘에게 도움의 손길을 내민 사람은 그의 상사이자 사업본부장인 루이스였다. "다니엘, 리더십은 단순한 스킬이 아니라 직원의 태도와 행동에 영향을 미치는 과정입니다. 함께 그 '왜'를 탐구해 봅시다." 루이스는 정기적인 원온원을 제안하며 다니엘이 스스로 답을 찾을 수 있도록 돕기로 했다.

이 책은 다니엘과 루이스의 대화를 중심으로 전개된다. 루이스는

정답을 가르치지 않는다. 대신 질문을 던지고, 상황을 함께 분석하며, 다니엘이 자신의 리더십을 정의하고 팀원들과의 관계를 깊이 이해하도록 이끈다. 이야기의 출발은 다니엘이 팀장으로서 겪는 현실적인 고민이다. 신뢰 구축, 업무 몰입, 솔선수범, 피드백의 어려움 등 다니엘의 하루하루가 리더십의 본질을 깨닫는 여정으로 이어진다.

첫 대화에서 루이스는 다니엘에게 물었다. "리더십의 핵심은 무엇일까요?"

다니엘은 잠시 고민한 끝에 "솔선수범과 신뢰 아닐까요?"라고 답했다. 루이스는 그 두 가지가 중요하지만, 리더십의 본질을 설명하기에는 충분하지 않다고 했다. 그는 애티튜드 리더십Attitude Leadership 이라는 자신만의 리더십 개념을 제안하면서 직원들의 태도와 행동을 변화시키는 것이 리더십의 본질이라고 강조했다. 이 대화를 계기로 다니엘은 자신의 팀원들에게 어떤 리더가 되어야 할지를 깊이 고민하기 시작했다.

리더십의 핵심은 명령이나 통제가 아니다. 사람들의 마음을 움직이고, 긍정적인 태도를 이끌어내며, 팀이 함께 성과를 만들어 가는 과정을 돕는 것이다. 이를 위해 리더는 자신의 행동이 팀원에게 미치는 영향을 이해하고, 그 메커니즘과 심리적 배경을 깊이 탐구해야

한다.

　다니엘과 루이스의 대화를 따라가다 보면, 리더십의 본질과 그 '왜'에 대해 스스로 질문하고 답을 찾아갈 수 있을 것이다. 이 책은 리더십 스킬을 넘어, 리더의 역할과 리더십이 직원들에게 미치는 영향을 깊이 탐구하는 책이다. 루이스와 다니엘의 이야기를 통해 리더의 역할이 '왜' 중요한지, 리더십이 직원들에게 어떤 변화를 가져오는지를 탐구한다. 이 과정이 독자 여러분의 리더십 여정에도 의미 있는 나침반이 되기를 바란다.

　리더십의 '왜'를 찾는 다니엘의 여정을 함께 따라가 보자. 그의 고민과 깨달음이 당신의 고민과 닮아 있다면, 이 책이 당신에게도 새로운 시작점이 될 것이다.

이 책의 구성

이 책은 신임 팀장 다니엘과 상사인 루이스의 원온원과 이에 대한 피드백 레터의 순으로 전개된다. 리더십 개념을 설명하는 데 그치지 않고, 실제 고민과 경험을 녹여 독자들이 자연스럽게 몰입하도록 구성했다. 오늘날 많은 중간관리자들은 원온원과 코칭의 중요성을 강조하는 조직의 기대 속에서 부담을 느낀다. 하지만 이 책임을 중간관리자들에게만 맡겨서는 안 된다. 조직의 상위 리더십, 특히 임원들이 직접 원온원을 실천하고, 중간관리자들에게 모범을 보이는 것이 필수적이다.

예전의 임원들은 목표를 제시하고 결과만 요구하는 데 집중했다. 하지만 시대가 변했다. 임원들도 중간관리자들과 정기적으로 원온원을 하며, 그들이 조직 내에서 성과를 창출하고 성장할 수 있도록 돕는 역할을 해야 한다. 이는 관리 방식의 변화가 아니다. 조직 전체의 리더십 문화를 발전시키는 중요한 첫걸음이다.

이 책은 이러한 변화의 필요성을 조명하며, 신임 팀장과 상사의 대화를 통해 현실적이면서도 실질적인 리더십 실행 방안을 탐구한다. 독자들이 원온원과 코칭의 가치를 체감하고, 이를 통해 더 나은 리더십 문화를 만들어 가길 바란다.

등장인물 소개

루이스

서비스 산업에서 25년간 다양한 팀을 베테랑 임원이다. 루이스는 상사로부터 훌륭한 리더십을 배웠고, 코칭과 지지를 받으며 성장했다. 이러한 경험은 루이스가 배움을 멈추지 않는 리더가 되는 계기가 되었다. 지속적인 학습과 중간관리자 코칭을 중요하게 생각하는 루이스의 변혁적 리더십은 조직에서 좋은 사례로 평가받고 있다.

루이스는 공감과 신뢰 같은 소프트 스킬뿐만 아니라, 위기를 기회로 바꾸는 뛰어난 관리 역량을 갖추고 있다. 이러한 역량을 바탕으로, 그는 위기에 처한 사업 부서를 최우수 조직으로 전환시키는 성과를 이루어냈다. 그가 강조하는 리더십의 본질은 단순하다.

"리더십은 직원의 태도에 긍정적인 영향을 미치는 과정이다."

다니엘

현장 영업, HRD, 영업 관리 등 다
양한 실무 경험을 쌓은 끝에 마케팅
팀의 신임 팀장으로 발탁되었다. 실
무자로서 빛나는 성과를 거두었지만, 팀
장이 된 순간 새로운 도전이 시작되었다. 실무자
시절의 성공이 리더로서의 성공으로 곧바로 이어지는 것은 아니었
다. 그렇게 다니엘은 팀을 효과적으로 이끌기 위한 방향을 고민하기
시작했다.

신임 팀장 교육 과정에서 리더십 스킬을 배웠지만, 그것이 실제
로 어떻게 작동하는지, 그리고 왜 중요한지 확신하지 못했다. 그러던
중, 상사인 루이스의 코칭을 통해 리더십의 본질과 자신의 역할을 하
나씩 인식하기 시작했다. 조언으로 시작했던 루이스와의 대화는, 점
차 리더십의 깊은 의미와 실천의 중요성으로 이어진다.

이 경험을 통해 다니엘은 관리자의 역할을 넘어, 진정한 리더로 성
장하는 길을 걷게 된다. 팀원들을 이끄는 데 필요한 통찰력과 자신감
을 얻으며, 조직과 함께 성장하는 리더가 될 기회를 맞이하게 된다.

CONTENTS

Part 1 🐋 리더십을 이해하다 Know Why

직원의 태도를 변화시키는 리더십의 핵심 원리

(intro) 리더십, 단순한 스킬이 아닌 이유

(intro) 리더십, 단순한 스킬이 아닌 이유

리더십을 이야기할 때 흔히 '어떻게'에 집중하지만, 정작 중요한 건 '왜'다. 기술과 행동을 익히는 것을 넘어, 리더십의 본질과 의미를 깊이 이해하는 과정이 필요하다. 리더십의 본질과 의미를 깊이 이해하는 과정이 필요하다. 이 과정을 거쳐야만 리더는 단순한 관리자가 아니라, 팀과 조직의 변화를 이끄는 존재임을 깨닫게 된다.

Part 1에서는 리더십의 '왜'에 대한 질문을 중심으로, 리더가 직원들의 태도와 행동에 어떤 영향을 미치는지 깊이 탐구한다. 리더십이 작동하는 원리를 다양한 이론과 사례를 통해 살펴보면서, 신뢰를 쌓고, 몰입을 끌어내고, 조직문화를 형성하는 핵심 요소들을 짚어볼 예정이다.

특히, 리더십을 성과를 내기 위한 도구로만 보지 않고, 직원들의 심리적 욕구와 감정을 이해하고 충족하는 과정으로 바라본다. 리더가 '왜?'라는 질문을 스스로 던지며 답을 찾아가는 과정은 자신만의 리더십 스타일을 만들어가는 중요한 여정이다.

이제, 리더십을 이해하고 스스로 성장하고 싶은 리더들을 위한 여정을 시작해보자. 이 파트는 리더십의 다음 단계로 나아가는 출발점이 될 것이다.

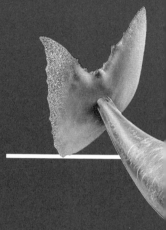

❶
Attitude
Leadership

Part 1

리더십을 이해하다
Know Why

: 직원의 태도를 변화시키는 리더십의 핵심 원리

1 리더십의 본질:
어떻게 사람을 움직일 것인가?

리더십은 목표 달성을 넘어, 조직의 성과와 직원 성장에 직접적인 영향을 미친다. 하지만 많은 신임 팀장들은 '왜 리더십이 필요할까?' '어떻게 실천해야 할까?'라는 질문 앞에서 막막함을 느낀다.

이 장에서는 리더십이 관리자에게 필수적인 이유를 살펴본다. 리더십은 타고나는 것이 아니라 배우고 익혀야 할 영역이며, 지속적인 학습과 실천을 통해 조직과 팀원들의 성장을 이끄는 과정임을 강조한다. 또한, 직원들의 태도와 욕구에 미치는 영향을 분석하며, 리더십이 긍정적인 변화를 만들어내는 원리를 설명한다. 마지막으로, BE(어떤 리더가 될 것인가), KNOW(자신과 조직을 어떻게 이해할 것인가), DO(어떤 행동을 실천할 것인가)라는 프레임워크를 통해 리더가 갖추어야 할 핵심 요소를 구체적으로 탐구한다. 이를 통해 리더십을 처음 배우는 신임 팀장은 물론, 기존 관리자들에게도 실천적인 통찰을 제공하고자 한다.

**팀장이 곧
팀의 수준이다**

"루이스, 안녕하세요? 이번 신임 팀장 교육을 잘 받고 왔어요. 좋은 기회 주셔서 다시 한번 감사해요."

"그래요, 수고했어요. 이제 신임 팀장 교육까지 받았으니 진짜 팀장이 된 거네요. 교육은 어땠어요?"

"솔직히… 아직 갈 길이 멀어요. 교육을 듣고 나니까 제가 부족한 부분도 많고, 해야 할 일도 엄청 많다는 걸 깨달았어요. 부담도 커졌고요. 관리자가 이렇게까지 많은 걸 책임져야 하나 싶어서 머리가 복잡하네요."

"교육을 받고 나면 자신감이 붙을 줄 알았는데, 오히려 더 부담이 됐군요. 그래도 다니엘은 승진도 하고, 교육도 받았잖아요. 나는 교육도 없이 맨땅에 헤딩하면서 시작했어요. 처음엔 진짜 힘들었죠. '무엇을 해야 하는지, 어떻게 해야 하는지, 왜 해야 하는지' 알려주는 사람도, 물어볼 사람도 없었어요."

"아… 그러셨군요. 그래도 저는 다행이네요. 그런데 루이스는 후배들뿐만 아니라 상사들에게도 좋은 리더라는 평을 많이 듣잖아요. 저

도 그렇게 되고 싶어요."

"그렇게 말해주니 고맙네요. 사실 나도 운이 좋았어요. 지금은 은퇴하셨지만, 우리 회사에서 HR 본부장을 지냈던 제임스 덕분이었죠. 제임스는 중간관리자로 시작해 경영진까지 올라가면서 직급에 상관없이 모두에게 존경받던 리더였어요. 은퇴 후에는 직장 생활에서 배운 경험과 실천 사례를 담아 리더십 책까지 출간하셨죠."

"그런 분을 멘토로 두셨다니, 정말 부럽네요."

"처음 관리자로 발령받았을 때, 제임스가 먼저 손을 내밀어 주셨거든요. 조직 운영방식부터 관리자의 역할까지 첫 세 달 동안 꼼꼼하게 코칭을 받았어요. 성과 관리의 목표 설정부터 평가까지 전반적인 프로세스를 체계적으로 배운 것도 큰 전환점이었죠. 솔직히 말하면, 제임스가 없었다면 지금의 나는 없었을 거예요."

"특별히 기억에 남는 조언이 있나요?"

"처음 만났을 때, 제임스가 내게 했던 말이 아직도 생생해요. 그때 들었던 이야기가 내 성장의 자극이자 동기부여가 됐거든요.

루이스, 나는 매년 신입 영업사원들에게 이런 질문을 합니다. "영업 관련 책을 읽거나 스스로 학습하는 분, 손들어 보세요." 그런데 손을 드는 직원이 거의 없습니다. 영업을 하겠다는 사람들이 정작 영업을 잘하고 싶은 마음이 있는지 의문이 들죠.

리더십도 마찬가지예요. 리더십이 관리자의 핵심 역할임에도 불구하고, 회사에서 제공하는 교육 외에 스스로 책을 사서 읽거나, 개인 비용을 들여 배움을 이어가는 경우를 거의 보지 못했어요. 루이스, 훌륭한 리더가 되려

면 끊임없이 학습해야 해요. 그래야 루이스가 성장할 수 있고, 팀원들과 조직도 함께 성장할 수 있습니다.

　이 말을 듣고 나서 수십 권의 리더십 책을 읽었고, 개인 비용을 들여 외부 기관의 리더십 교육 과정에도 참여했어요. 배움을 거듭하면서 내 리더십을 돌아보게 되었고, 더 깊이 이해할 수 있었죠. 그리고 제임스의 배려에 어떻게 보답할 수 있을지 고민하기 시작했어요."

　"그래서 신임 팀장들을 대상으로 정기적으로 리더십 대화를 하시는 거군요."

　"맞아요. 이번에는 다니엘이 기회를 주네요. 다니엘과 정기적으로 만나서 일대일 대화를 나누고 싶은데, 괜찮을까요?"

　"좋은 기회죠! 그런데 루이스가 워낙 바쁘시니까 시간을 내주시는 게 쉽지 않을 것 같아서…."

　"다니엘이 팀장으로 자리 잡고 성과를 내도록 돕는 것도 내 역할이에요. 물론 일대일 대화가 부담스러울 수도 있겠지만, 그럴 필요 없어요. 다니엘이 궁금한 점이나 고민하고 있는 주제를 놓고 한 시간 정도 이야기하는 자리를 가지면 어떨까요?"

　"네! 저야 감사하죠. 관심 가져 주셔서 정말 든든해요."

　"제안을 기쁘게 받아줘서 고마워요. 신임 팀장 과정에서 효과적인 리더십을 발휘하는 방법을 충분히 배웠을 것 같은데, 그렇지 않나요?"

　"한 번 배웠다고 해서 다 아는 건 아니죠. 직접 적용해 보면서 부족한 점을 채우고, 계속 배우고 노력해야 한다고 생각해요. 이해

가 안 되는 부분은 책을 찾아보거나 AI의 도움을 받아 보려고 합니다."

"좋은 생각이네요. 리더십을 배우려는 마음만 있다면 어디에서든 배울 수 있어요. 그래서 나는 다니엘과 리더십의 '노와이Know Why'에 대해 더 많은 이야기를 나누고 싶어요."

"노와이요?"

"내가 말하는 리더십 노와이는 단순히 '무엇을what 어떻게how 해야 하는지'를 넘어서, 리더십의 본질과 가치, 즉 '왜why'를 탐구하는 개념이에요. 그동안 리더십은 지나치게 방법론에만 집중해 왔다고 생각해요.

서울대학교 이정동 교수는 『축적의 길』에서 노하우Know How를 '선택과 집중' 같은 효율성의 영역으로, 노와이를 독창성과 차별성의 영역으로 설명했어요.[1] 리더십도 마찬가지예요. 노와이를 이해하면, 단순히 '다른 리더들이 하니까 나도 해야겠다'가 아니라, 자신의 팀과 조직에 맞는 차별화된 리더십을 개발하고 실천할 수 있어요."

"루이스가 리더십의 본질을 탐구한다고 하니 기대가 돼요. 신임 팀장 교육에서 글로벌 리더들의 성공 사례를 많이 들었는데, 솔직히 그들의 리더십을 동경하기도 했지만 현실과는 거리가 멀게 느껴졌어요. 저 같은 평범한 관리자도 과연 그들처럼 될 수 있을까요?"

"그 마음 충분히 이해해요. 나도 비슷한 고민을 했으니까요. 그래서 우리는 단순히 위대한 리더들의 사례를 나열하는 게 아니라, 그들의 행동이 직원들에게 어떤 원리로 영향을 미쳤는지를 함께 풀어볼 거예요."

"벌써부터 기대됩니다!"

"좋아요. 그럼 목요일 아침 회의 후에 이야기 나누기로 해요."

02 구성원 태도 변화의 동력, 애티튜드 리더십

"루이스, 안녕하세요. 오늘이 첫 원온원이네요. 약간 긴장되는데요?"

"그래요, 반가워요. 이쪽으로 앉으세요. 처음 팀장을 맡고 적응하느라 정신없죠? 힘들진 않아요?"

"네, 여기저기 회의 참석하고 업무 챙기고, 지시받은 일 처리하느라 하루가 어떻게 가는지 모르겠어요."

"너무 걱정하지 말아요. 다니엘 정도의 열정이라면 금방 익숙해질 거예요. 그리고 첫 번째 대화 주제로 리더십의 본질에 대해 이야기 나누고 싶다고 했죠?"

"네! 리더십이 무엇인지 여러 번 듣긴 했는데요, 막상 '리더십이 뭐냐'고 질문 받으면 어떻게 말해야 할지 모르겠어요. 리더십을 이해하는 게 마치 신기루를 쫓는 기분이랄까요. 저 같은 평범한 사람에게는 좀처럼 닿을 수 없는, 위대한 지도자들에게만 허락된 특별한 능력처럼 느껴지기도 하고요."

"그러게요. 나도 과거에 리더십이 뭐냐는 질문을 받으면 딱 부러

지게 답하지 못했어요. '리더십의 정의는 학자의 수만큼 많다'는 말도 있잖아요. 그만큼 다양한 관점이 있다는 뜻이죠. 그럼 다니엘은 리더십을 어떻게 생각해요? 교육에서 배운 것 말고, 평소에 리더십을 떠올릴 때 연상되는 단어를 이야기해 볼까요?"

"저는 '솔선수범'과 '신뢰'가 가장 먼저 떠올라요. 리더는 위험하거나 어려운 상황이 오면 앞장서야 하고, 그런 모습을 통해 직원들이 믿고 따르게 되는 거 아닐까요? 물론 리더십의 핵심이 '영향력'이라는 건 알지만, 여전히 막연하고 모호한 느낌이에요."

"솔선수범과 신뢰, 아주 중요한 키워드죠. 흥미롭게도 '리더'라는 단어의 어원은 인도유럽어 'Leit'에서 왔어요. 본래 의미는 전쟁터에서 깃발을 들고 맨 앞에서 싸우는 사람이에요.[2] 적의 첫 공격을 받는 위치였기 때문에, 목숨을 걸어야 했죠. 그러니 솔선수범과 신뢰가 리더십을 설명하는 중요한 개념이 되는 건 어쩌면 당연한 일인지도 모르겠네요.

하지만 다니엘, 솔선수범과 신뢰는 리더십 그 자체라기보다는 리더가 직원들에게 보여줘야 할 태도에 가깝다고 생각해요. 그럼 반대로, 다니엘은 팀원들이 어떤 태도를 갖길 기대하나요?"

"음. 무엇보다 팀원들이 각자 스스로 맡은 일을 책임감 있게 해낸다면 더할 나위 없이 좋겠죠."

"대부분의 관리자들이 다니엘과 같은 기대를 할 거예요. 만약 팀원들이 그렇게 행동한다면 어떤 결과가 나올까요?"

"제가 일일이 챙길 필요도 없고, 조직 운영이 훨씬 수월해지겠죠. 뭐, 땅 짚고 헤엄치는 것 아닐까요?"

"그러니까 다니엘은 팀원들의 자율성을 높이고, 관여도를 줄이는 팀을 만들고 싶다는 거군요?"

"네, 그런데 문제는 그게 제 마음대로 되지 않는다는 거죠!"

"그게 마음대로 됐다면, 누구나 훌륭한 리더가 될 수 있었겠죠. 바로 그게 리더십이 필요한 이유예요. 나는 리더십을 '애티튜드 리더십 Attitude Leadership'이라는 나만의 용어를 사용해서 정의해요. 리더가 조직 목표 달성을 위해 직원들의 태도에 영향을 미치는 과정이라는 의미를 담고 있어요. 리더의 핵심 역할은 조직의 존재 목적과 목표에 따라 직원에게 기대하는 태도를 이끌어내는 것이기 때문이죠.

예를 들어, 영업팀 직원이라면 판매 목표를 달성하는 데 필요한 태도가 있을 것이고, 재무팀 직원이라면 조직의 재정 건전성을 유지하고 효과적인 자원 관리를 하는 태도가 필요할 거예요. 그리고 중요한 건, 직원들의 욕구와 심리적 조건이 태도에 큰 영향을 미친다는 점이에요. 대표적으로 '자율성 욕구'가 충족되면 책임감이 높아지는 것처럼요.

정리하자면, 리더의 역할은 목표 달성을 위해 직원들에게 필요한 태도가 무엇인지 파악하고, 그 태도를 이끌어낼 수 있는 환경을 조성하는 거예요."

"리더십에 애티튜드를 붙이신 이유를 알겠네요. 리더십의 개념이 좀 더 명확해지는 것 같아요. 리더가 직원들에게 기대하는 태도를 이끌어낼 수 있다면 목표는 당연히 달성될 수 있겠죠. 그런데 솔직히 말하면, 태도라는 개념 자체도 그렇게 쉽게 설명할 수 있는 건 아닌 것 같아요."

"맞아요. 태도라는 개념도 꽤 깊은 의미를 갖고 있어서 단순히 정의하기가 어렵죠. 일반적으로 태도는 개인이 사람, 사물, 상황 같은 특정 대상에 대해 가지는 긍정적 또는 부정적인 평가이고, 행동에 영향을 미치는 심리적 성향이라고 정의해요.[3] 다니엘은 팀원의 태도를 평가할 때 어떤 부분을 가장 먼저 보나요?"

"저는 팀원과 대화할 때 그들이 어떤 생각을 가지고 있는지, 말할 때의 표정이나 자세를 유심히 봐요. 특히 예상치 못한 상황이 발생했을 때, 얼마나 긍정적이고 열정적으로 대처하는지가 중요하다고 생각해요. 평소에는 보이지 않던 진짜 태도가 드러나는 순간이니까요."

"다니엘의 말처럼, 사람들은 평범한 상황보다 스트레스를 받을 때 본래의 태도를 더 잘 드러내죠. 그리고 다니엘이 방금 말한 것들이 태도의 세 가지 요소와 딱 맞아떨어져요. 보통 태도는 인지, 정서, 행위 이 세 가지 요소로 구성돼요.[4]

인지적 요소는 우리가 어떤 대상에 대해 가지는 생각과 믿음과 연결돼요. 예를 들어, 한 팀원이 '팀장이 나보다 실력이 부족한 동료를 승진시켰다'고 생각하면, 자연스럽게 팀장을 불공정한 사람이라고 평가하게 되죠."

"제가 팀원의 생각을 이해하려는 것은 그의 태도의 인지적 측면을 보는 것이고, 사람들이 스트레스 상황에서 본래의 태도를 더 잘 드러낸다고 믿는 것은 제 태도의 인지적 측면을 반영하는 것이군요."

"맞아요. 정서적 요소도 중요해요. 어떤 대상에 대해 느끼는 감정적 반응이죠. 방금 말한 그 팀원이 팀장을 불공정하다고 생각하면, 이후 팀장을 볼 때마다 감정적으로 불편함을 느끼게 될 가능성이 높아요."

"그럼 행위적 요소는 행동과 연결되겠네요?"

"정확해요. 감정이 행동으로 이어지는 거죠. 그 팀원이 결국 팀장의 지시를 무시하거나 불만을 동료들에게 털어놓는 것도 행위적 요소의 일부예요."

"결국 리더는 직원들의 생각뿐만 아니라, 감정과 행동까지 고려해야 한다는 거군요."

"그래서 리더십은 직원들이 자신의 태도를 돌아볼 수 있도록 돕는 과정이기도 해요. 코칭 기법 중 하나인 '자기 재평가Self-Reevaluation'가 바로 그런 역할을 하죠. 쉽게 말하면, 직원이 자신의 가치관, 정체성, 목표와 현재 행동을 비교하면서 변화의 필요성을 스스로 깨닫게 하는 거예요."

"그렇다면 리더는 직원들의 태도에 영향을 미치는 요인을 잘 이해하고, 이를 효과적으로 활용할 줄 알아야겠네요."

"바로 그거예요. 태도에 영향을 주는 요소는 크게 네 가지예요.[5] 첫 번째는 개인적 요인, 즉 성격, 가치관, 과거의 경험 같은 것들이죠. 이전 직장에서 부정적인 경험을 했던 사람은 비슷한 상황에서 다시 부정적인 태도를 보일 가능성이 높아요."

"그래서 리더가 구성원 개인의 성격이나 가치관을 이해해야 한다고 강조하는군요. 혹시 관계나 문화도 태도에 영향을 미치지 않나요?"

"맞아요. 그걸 사회적 환경이라고 합니다. 즉, 동료나 상사와의 관계, 조직문화 같은 요소들도 직원의 태도에 영향을 미치게 됩니다. 상사와의 관계가 원만하지 않거나 조직문화가 경직되어 있다면, 부정적인 태도가 나타날 가능성이 높아지겠죠. 또 다른 요인으로는 리

더십 스타일이에요. 예를 들어 코칭형 리더십은 직원의 태도에 긍정적인 변화를 주지만, 지나치게 통제적인 스타일은 오히려 부정적인 영향을 줄 수도 있어요. 다니엘 생각에는 태도에 영향을 미치는 어떤 요인이 또 있을까요?"

"좀 전에 태도를 설명하실 때 예를 든 것처럼 평가나 보상 그리고 일하는 환경도 영향을 주지 않을까요?"

"맞아요. 보상이 불공정하거나 업무 환경이 직원들을 배려하지 못하면, 부정적인 태도를 가질 가능성이 커지죠."

"이제 리더십과 조직문화가 왜 중요한지 조금씩 감이 오네요. 조직의 목표와 직원들의 행동이 일치해야 한다는 점에서 정말 중요한 요소인 것 같아요."

"그렇죠. 리더십은 단순히 하고 싶은 말과 행동을 하는 게 아니라, 조직이 원하는 태도를 자연스럽게 받아들이도록 돕는 과정이에요. 심리학자 스티븐 커Steven Kerr는 이런 현상을 「On the Folly of Rewarding A, While Hoping for B」라는 논문에서 지적했어요. 조직이 특정 행동 B를 기대하면서도 정작 전혀 다른 행동 A를 보상하는 모순된 시스템을 운영하는 경우가 많다는 거죠."

"예를 들면, 회사가 협업과 팀워크를 강조하면서도 개인 성과에만 보상을 집중하는 경우겠네요. 그러면 직원들이 협업보다는 경쟁에 몰두할 수밖에 없겠어요."

"정확해요. 리더십이 조직문화와 일관되지 않으면 직원들은 혼란을 느끼고 기대했던 태도와는 전혀 다른 결과가 나올 수 있어요. 그래서 리더는 항상 자신이 보내는 메시지와 실제 행동, 그리고 조직문

화의 일관성을 유지하는 것이 중요해요."

"그럼 저는 어떤 리더십 스타일을 가져야 할까요?"

"좋은 질문이에요. 내가 팀장들에게 가장 기대하는 것은 '코치형 리더십'이에요. 팀원 개개인에게 관심을 기울이고, 그들의 성장을 지원하며, 동기 부여를 하는 리더십이죠. 단순히 목표만 던져 놓고 결과를 압박하는 게 아니라, 그 목표를 달성할 수 있도록 방향을 제시하고 조력자가 되는 거예요."

"지금 저와 원온원을 하면서 코치형 리더십을 직접 실천하고 계신 거군요?"

"그렇게 봐주니 고맙네요. 자, 그럼 이제 효과적인 리더십을 발휘하기 위해 필요한 요건에 대해 이야기해 볼까요?"

리더의 기본기

"리더가 기대하는 태도를 이끌어내기 위해 하는 행동이 항상 효과적이지는 않은 것 같아요."

"어떤 경험이 있었나요?"

"예전에 함께 일했던 팀장님이 계셨어요. 직원들에게 항상 존댓말을 쓰고, 특별한 일이 없으면 화를 내지도 않는 부드러운 스타일이셨죠. 그런데 저는 그 리더십이 별로 와닿지 않았어요."

"보통 그런 리더라면 팀원들이 좋아할 텐데, 왜 그렇게 느꼈죠?"

"처음에는 좋은 분이라고 생각했어요. 그런데 어느 날, 팀원들이 없는 자리에서 팀원 개개인의 문제를 심하게 지적하는 걸 우연히 알게 됐어요. 당사자에게는 따뜻하게 대하면서, 뒤에서는 다른 이야기를 한다는 게 너무 이중적인 느낌이었어요. 문제를 해결하려면 직접 말하면 될 텐데, 뒷담화처럼 이야기하는 모습을 보니 신뢰가 가지 않더라고요."

"진정성이 보이지 않았군요."

"네, 말과 행동이 따로 노는 느낌이었어요."

"사실 리더십에서 가장 중요한 요소 중 하나가 '진정성'이에요. 사람들은 단순히 말과 행동을 보는 게 아니라, 그 이면에 있는 의도를 읽으려고 하거든요. 위대한 리더십 학자인 워렌 베니스Warren Bennis도 이런 점을 강조했어요. 그는 효과적인 리더십을 Be, Know, Do라는 개념으로 설명했죠."[6]

"Be, Know, Do요?"

"네. Be는 '필요한 존재가 되라', Know는 '스스로를 이해하고, 조직과 세상을 명확하게 파악하라', Do는 '그 모든 걸 행동으로 실천하라'는 의미예요. 이 순서는 굉장히 중요해요. Be 없이 Know와 Do가 존재할 수 없어요."

"말은 멋진데요. 솔직히 Be라는 개념이 좀 추상적으로 느껴져요. '필요한 존재가 되라'는 게 무슨 뜻인가요?"

"쉽게 말하면, '진짜'가 되라는 뜻이에요. 단순히 직급이 리더라고 해서 사람들이 따르는 건 아니죠. 리더가 신뢰받고 존경받으려면, 먼저 그럴 만한 사람이 되어야 해요. 자신의 내면과 가치를 명확히 하고, 그에 따라 행동하며, 팀원들에게 영감을 주는 존재. 그것이 Be의 핵심이에요."

"결국, 리더는 먼저 자신을 깊이 이해하고, 그에 걸맞은 자격을 갖추어야 한다는 뜻이군요."

"그렇죠. 예전에 한 예능 프로그램에서 이효리가 아이유에게 한 말이 있어요. '좋은 사람을 만나려고 주변을 찾아봐도 없더라. 그런데 내가 나 자신을 좋은 사람으로 바꾸려고 노력하니, 좋은 사람이 내 곁에 오더라.'"

"오, 멋진 말이네요."

"이효리가 자신을 먼저 바꾸었듯이, 리더도 마찬가지예요. Be는 신뢰받는 리더로 성장하는 과정이고, Know와 Do는 그 위에 쌓이는 것들이에요."

"Be는 마치 토양과 같네요. 토질이 좋아야 어떤 씨앗을 심든 잘 자랄 수 있는 것처럼요."

"정확해요. 그리고 Know는 그 토양에 어떤 씨앗을 심을지 결정하는 단계라고 보면 돼요. 자신을 깊이 이해하고, 조직과 세상을 명확하게 바라보는 것이죠."

"어떤 의미인가요?"

"예를 들어, 한 리더가 자신이 중요한 의사결정을 내려야 하는 위치에 있다는 걸 인식하지 못하고, 계속 팀원들에게 결정을 미루고 있다고 가정해 봅시다. 그러면 팀원들은 점점 혼란을 느끼겠죠. 방향성이 없고, 조직의 신뢰도도 떨어질 수밖에 없어요."

"반면, 자신의 역할과 책임을 정확히 이해하는 리더라면, 조직이 나아가야 할 방향을 명확하게 제시할 수 있겠네요."

"그게 바로 Know의 힘이에요. 자기 자신뿐만 아니라, 조직과 팀의 흐름을 제대로 읽어야 해요. 그래야 적절한 판단을 내릴 수 있죠."

"그러니까 Know는 자신과 환경을 정확히 이해하고, 상황에 맞는 결정을 내릴 수 있는 능력을 키우는 과정이군요."

"맞아요. Be가 탄탄해야 Know가 가능하고, 그 위에서 Do가 효과를 발휘하는 거죠."

"Be와 Know의 개념이 이렇게 중요한 줄 몰랐어요. 이걸 제대로

이해해야 리더십이 진정한 힘을 가지겠네요. 리더가 자기 인식을 높이려면 어떻게 해야 할까요?"

"좋은 질문이에요. 자기 인식을 높이는 방법은 여러 가지가 있지만, 가장 중요한 건 자기 자신을 정확히 이해하는 거예요. 타샤 유리크Tasha Eurich라는 조직 심리학자는 자기 인식을 '내적 자기 인식'과 '외적 자기 인식'으로 구분했어요. 내적 자기 인식은 자신이 어떤 감정을 느끼고 있는지, 무엇을 중요하게 생각하는지, 자신의 강점과 약점이 무엇인지 스스로 아는 것을 말해요. 내적 자기 인식이 높은 사람은 자신에 대한 명확한 이해를 바탕으로 더 만족스러운 의사결정을 내리고, 직업과 인간관계에서 높은 만족도를 느끼죠. 외적 자기 인식은 타인이 나를 어떻게 인식하고 있는지를 이해하는 것을 말해요. 주변 사람들의 반응과 행동을 민감하게 인식하며, 공감 능력이 뛰어나고 타인의 관점에서 상황을 이해하려는 태도를 보이죠."[7]

"내적 자기 인식이 부족한 리더는 자신의 약점을 인정하지 않거나, 감정에 휘둘릴 가능성이 크겠네요."

"그렇죠. 반대로 외적 자기 인식이 낮으면, 팀원들이 자신을 어떻게 보고 있는지 모르고 일방적으로 소통하려 하겠죠."

"리더십의 핵심은 결국 자기 인식이네요."

"맞아요. 자기 인식은 메타인지Metacognition와도 연결돼요. 메타인지는 자신의 생각과 행동을 한 단계 위에서 바라보고 조정하는 능력이에요.[8] 예를 들어, 리더가 팀원들에게 피드백을 주고 나서, 팀원들이 부정적인 반응을 보이면 '내가 왜 이런 방식으로 피드백을 줬지? 이 방식이 최선이었나?'라고 돌아보는 과정을 메타인지라고 합니다.

메타인지가 높은 리더는 감정적인 반응이 아니라, 이성적으로 전략적인 접근을 할 수 있어요."

"그럼 자기 인식과 메타인지를 키우는 방법에는 어떤 것들이 있나요?"

"자기 인식을 높이는 데 도움이 되는 방법이 몇 가지 있어요. 가장 대표적인 방법이 자기성찰Self-Reflection이에요. 매일 자신이 내린 결정과 느낀 감정 그리고 행동을 기록하고, 그 원인을 분석하는 거죠. 이렇게 하면 비슷한 상황이 다시 왔을 때, 더 현명한 방식으로 선택하고 행동하는 데 도움을 받을 수 있어요.

또 하나 좋은 방법은 정기적인 피드백을 받는 거죠. 팀원과 동료 그리고 상사로부터 피드백을 요청하고, 그것을 통해 자신의 행동과 사고를 객관적으로 점검할 수 있어요. 특히 외적 자기 인식을 높이는 데 피드백은 매우 효과적이죠.

그리고 요즘 많은 조직에서 관심을 받고 있는 명상과 마음챙김 Mindfulness을 통해 도움을 받을 수 있어요. 매일 5~10분 정도 명상을 통해 현재 순간에 집중하고, 자신의 감정을 관찰하는 시간을 가져보세요. 아침 출근 후나 점심시간에 짬을 내서 짧은 명상을 시도하는 것을 추천드려요.

마지막으로, 문제를 해결하거나 의사결정을 내릴 때 자신의 사고 프로세스를 점검하는 것도 큰 도움이 됩니다. '내가 왜 이렇게 생각했는가?' '이 판단이 최선의 선택인지?' 같은 질문을 스스로에게 던지면서 사고 과정을 정리하고 점검하는 거죠. 이렇게 하면 자신이 감정에 치우친 판단을 하고 있지 않은지, 혹은 다른 선택지가 없는지

냉정하게 검토할 수 있어요.

이런 방법들은 내적 자기 인식과 외적 자기 인식을 모두 발전시키고, 궁극적으로 리더로서 더 나은 의사결정을 내리는 데 도움을 줄 겁니다."

"메타인지는 자기 자신을 아는 것에 그치지 않고, 상황에 맞게 사고하고 행동을 조정하며 지속적으로 성장하는 데 중요한 역할을 하는군요."

"맞아요, 다니엘. 자기 인식과 메타인지는 리더십의 기본입니다. 이를 통해 자신을 깊이 이해하고, 팀원들과 더 효과적으로 소통하며, 조직을 더 나은 방향으로 이끌 수 있게 될 거예요.

마지막으로 'Do'는 행동하는 거예요. 행동하지 않고는 아무것도 이루어질 수 없어요. 리더는 직원들과 직접적으로 교류하며, 그들의 개성과 자질을 북돋아 주고, 자신이 중요한 존재라고 느낄 수 있도록 해야 합니다. 이를 통해 직원들이 하는 일에서 의미를 찾고 몰입할 수 있는 환경을 만들어야 하죠."

"그러니까 리더 자신이 먼저 필요한 자격을 갖추고, 직원들에게 기대하는 태도를 이끌어낼 수 있는 행동을 실천해야 한다는 말씀이시네요. 갑자기 예전에 한 방송국 사장이 PD들을 모아놓고 했던 이야기가 생각나네요.

'리더라는 배ship, 리더십leadership은 한 번에 승선할 수 있는 배가 아닙니다. 제일 먼저 올라야 할 배는 멤버십membership입니다. 훌륭한 동료로서 인정받을 때, 비로소 다음 배인 파트너십partnership에 승선할 수 있습니

다. 상호 이익을 추구하는 관계를 만들어야 신뢰를 쌓을 수 있죠. 세 번째로 승선할 배는 프렌드십friendship입니다. 기쁨과 슬픔을 함께 나누고, 서로를 진심으로 이해하고 공감할 수 있을 때 비로소 리더십의 배로 올라탈 수 있습니다.'

　저는 이 이야기가 루이스가 말씀하신 'Be', 즉 필요한 존재가 되는 것과 연결된다고 생각되네요."

"아주 흥미롭고 의미 있는 메시지네요. 이 이야기를 통해 다니엘이 'Be'의 본질을 잘 이해하고 있다는 게 느껴집니다. 오늘은 리더십의 본질과 제대로 된 리더십을 발휘하기 위한 조건 Be, Know, Do에 대 대화를 나누었네요."

"이제 루이스가 말씀하신 리더십의 '노와이Know Why'를 조금 이해하고 나니 리더십이 왜 필요한지, 그리고 어떻게 실천해야 하는지를 명확히 이해하게 됐습니다. 오늘 소중한 인사이트를 얻었습니다."

"열의를 갖고 대화에 참여해줘서 고마워요, 다니엘. 오늘 수고 많았어요. 다음 시간에는 더 깊이 있는 이야기를 나눠보도록 합시다. 그리고 나도 다니엘을 제대로 코칭을 하고 있는지 확인하고 피드백을 받는 차원에서, 오늘 대화에서 얻은 시사점과 적용점을 간단히 정리해 다음 대화 전까지 이메일로 보내줄 수 있을까요? 다니엘의 생각을 듣는 것이 내게도 큰 도움이 될 것 같아요."

"네, 루이스. 저에게 이렇게 도움을 주시는데 저도 충실히 피드백을 드리겠습니다. 오늘 배운 내용을 정리해서 꼭 보내드릴게요. 감사합니다!"

리더십의 본질과 방향을 깊이 이해할 수 있었습니다. 특히 '노와이 Know Why'와 Be-Know-Do 프레임워크가 인상적이었고, 리더십은 지시가 아니라 팀원들의 태도와 행동에 긍정적인 변화를 이끄는 과정임을 다시금 깨달았습니다. 이번 대화를 통해 얻은 핵심을 정리하면 다음과 같습니다.

1. **Be:** 신뢰받는 리더가 되기 위해 진정성 있는 태도를 정립하겠습니다.
2. **Know:** 조직의 목표와 팀원들의 필요를 더 깊이 이해하며 자기 성찰과 피드백을 실천하겠습니다.
3. **Do:** 말보다 행동으로 리더십을 실천하며 긍정적인 변화를 만들어가겠습니다.

또한 조직의 목표와 리더십의 일관성이 중요함을 깨닫고, 제 행동과 메시지가 일치하도록 점검하겠습니다. 감정이 아닌 전략적 사고와 메타인지를 활용하여 더욱 객관적이고 이성적인 리더가 되겠습니다.

다니엘 드림

리더십 노와이Leadership Know Why

리더십의 근본적인 원리와 가치, 즉 왜Why를 규명하고 탐색하고 추구한다는 의미로 차별화된 리더십을 개발하기 위한 접근

리더의 어원

인도유럽어 'Leit'에서 유래. 전쟁터에서 깃발을 들고 앞장서는 사람

애티튜드 리더십Attitude Leadership

조직 목표 달성을 위해 직원의 태도에 영향을 미치는 과정

리더십·상황·문화 → 직원의 욕구/심리적 조건 → 직원 태도 → 목표 달성

태도

개인이 특정 대상에 대해 가지는 지속적인 긍정적 또는 부정적인 평가

행동에 영향을 미치는 심리적 성향

태도의 세 가지 요소

인지Cognition: 특정 대상에 대한 생각이나 믿음

정서Affect: 대상에 대한 감정적 반응

행위Behavior: 행동하려는 의도나 실제 행동

태도에 영향을 미치는 요인

개인적 요인: 성격, 가치관, 경험

사회적 환경: 동료·상사와의 관계, 조직문화

리더십 스타일: 독재적 스타일·참여적 스타일

상황적 요인: 업무 환경, 보상 체계

리더십 효과성

Be: 어떤 리더가 될 것인가? 필요한 존재 되기

Know: 자신과 조직을 어떻게 이해할 것인가? 리더 자신과 조직의 맥락을 이해하기

Do: 어떤 행동을 실천할 것인가? 직원들과 직접 대면하고 실천하기

자기 인식Self-awareness

내적 자기 인식: 자신의 감정, 가치관, 강점과 약점을 명확히 아는 것

외적 자기 인식: 타인이 나를 어떻게 인식하는지 이해하는 것

자기 인식 & 메타인지 향상법

자기 성찰: 매일 자신의 결정과 행동을 돌아보기

정기적인 피드백: 동료와 팀원에게 피드백을 요청하고 반영하기

명상과 마음챙김: 현재 순간에 집중하며 감정을 관찰하는 연습

사고 프로세스 점검: '내가 왜 이렇게 생각했을까?'를 스스로 질문하기

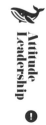

2 몰입을 설계하는 리더

업무 몰입은 개인의 동기를 넘어 조직의 성과와 지속 가능성을 결정짓는 핵심 요소다. 그러나 많은 리더들은 직원들이 왜 몰입하지 못하는지, 어떻게 몰입을 유도할 수 있는지에 대한 명확한 해답을 찾지 못한다.

이 장에서는 업무 몰입의 본질과 중요성을 짚고, 이를 가로막는 요소를 분석한다. 특히 심리적 안전감, 의미성, 가용성이라는 세 가지 핵심 조건을 중심으로, 몰입을 촉진하는 리더의 역할과 조직 차원의 전략을 실질적인 사례와 함께 탐구한다. 또한 몰입을 개인의 역량 문제가 아닌 조직이 설계해야 할 환경의 결과물로 바라보는 시각을 제시하며, 이론이 아닌 실행 가능한 리더십 전략을 구체적으로 설명한다. 결론적으로 리더들이 몰입을 유도하는 방안을 명확히 이해하고 실천할 수 있도록 방향성을 제공하고자 한다.

"오늘은 몰입에 대해 이야기해 보죠."

"네, 리더십과 관련해서 가장 많이 듣는 단어 중 하나예요. 게다가 주 52시간 근무제가 정착되면서, 직원들이 어떻게 몰입할 수 있도록 도울지 고민해야 할 필요성이 더 커졌어요."

"맞아요. 업무 몰입work engagement은 이제 모든 조직에서 중요한 화두가 됐어요. 지난번에도 이야기했지만, 리더의 역할은 목표 달성을 위해 필요한 직원의 태도를 이끌어내는 거예요. 특히 업무 몰입은 직원들의 중요한 직무 태도 중 하나죠. 다니엘은 평소에 직원들의 업무 몰입에 대해 어떻게 생각하고 있었나요?"

"글쎄요. 몰입이라는 단어가 조금 부담스럽게 느껴지긴 하지만, 저는 팀원들이 몰입까지는 아니어도 즐겁게 일할 수 있는 분위기를 만드는 게 중요하다고 생각해요."

"좋은 생각이에요. 사실 '즐겁게 일하는 것'도 업무 몰입의 일부예요. 직원의 주요 직무 태도는 업무 몰입뿐 아니라 직무 만족과 직무 몰입도 포함되죠. 혹시 태도의 세 가지 요소를 기억하고 있나요?"

"그럼요. 예전에 예를 들어 설명해 주셔서 잘 기억하고 있어요. 인지, 정서, 그리고 행위. 이 세 가지 맞죠?"

"정확해요! 그래서 직무 태도의 개념에서도 인지와 정서 같은 표현이 등장하는 거예요. 예를 들어 직무 만족Job Satisfaction은 개인이 자신의 직무를 좋아한다고 느끼는 감정적인 상태를 의미하죠.[9] 직무 만족에는 두 가지 요소가 있어요. 정서적 만족과 인지적 만족입니다. 정서적 만족은 직무를 수행하면서 느끼는 감정적인 부분이고, 인지적 만족은 자신이 하는 일이 가치 있다고 느낄 때 경험합니다.

예를 들어 직장에서 동료들과 협력하며 즐겁게 일하는 순간이 정서적 만족이라면, 프로젝트를 성공적으로 마무리하고 성과를 인정받았을 때 느끼는 뿌듯함은 인지적 만족이라고 볼 수 있어요. 다니엘은 직무 만족 측면에서 본인의 상황을 어떻게 생각하나요?"

"팀원들과 함께 일하는 것도 즐겁고, 제 일이 회사에 큰 영향을 미친다고 생각해서 만족도가 꽤 높은 편이에요."

"그런 생각을 가지고 있다는 건 정말 행운이에요. 하지만 직무 몰입은 만족과는 조금 달라요. 좋아하는 것을 넘어, 자신을 표현하는 수단이자 정체성의 일부로 여기는 것이죠.[10] 저는 여러 직무를 경험했지만, HRD 업무를 맡았을 때 가장 높은 직무 몰입을 경험했어요. 상사의 지시 없이도 자료를 찾아보고, 아이디어를 발전시키면서 자부심을 느꼈어요. 그 일이 책임이 아니라 제 가치를 실현하는 과정처럼 느껴졌거든요."

"제 팀원들 중에도 그런 사람이 있을 것 같아요. 회의가 끝난 후에도 아이디어를 고민하고, 자발적으로 자료를 찾고, 동료들과 적극

적으로 논의하는 사람이라면 직무 몰입이 높은 상태라고 볼 수 있겠
네요."

"맞아요. 리더십은 별다른 기술이 필요한 것이 아니라, 직원들이
자신의 일을 긍정적으로 느끼고, 스스로 열정을 갖도록 돕는 거예
요. 그리고 그 핵심이 바로 업무 몰입입니다. 직원들이 몰입하면 성
과가 좋아지는 것을 넘어 조직문화와 분위기 자체가 긍정적으로 바
뀌어요. 그러니 오늘 이 주제를 좀 더 깊이 있게 다뤄봅시다. 준비됐
나요?"

"네, 제 팀에서 어떻게 적용할 수 있을지 궁금하네요."

"업무 몰입이라는 개념은 원래 긍정심리학에서 연구되기 시작했
어요. 전통적인 심리학이 번아웃burnout 같은 부정적인 현상을 해결
하는 데 초점을 맞췄다면, 긍정심리학은 직원의 행동을 좀 더 긍정
적인 관점에서 이해하려고 했죠. 업무 몰입은 번아웃의 반대 개념이
에요."

"번아웃과 반대라면, 활력이 넘치고, 일에서 의미와 즐거움을 찾는
상태라고 보면 될까요?"

"맞아요. 업무 몰입은 활력vigor, 헌신dedication, 몰두absorption라는
세 가지 요소로 구성돼요.[11] 간단하게 테스트해 볼까요? 첫 번째 질
문입니다. '아침에 일어나면 일하러 가고 싶습니까?' 이 질문에 10점
만점 기준으로 몇 점 정도 줄 수 있을까요?"

"솔직히 말씀드려도 되죠? 요즘은 신임 팀장으로서 새로운 걸 배
우는 게 재미있긴 하지만, 부담도 있어서… 한 7점 정도요."

"그 정도면 꽤 높은 편이에요. 두 번째 질문! '나는 내가 하는 일이

자랑스럽다.' 몇 점인가요?"

"8점이요. 제 일이 회사에 미치는 영향이 크다고 생각해서 자부심을 느껴요."

"정말 멋지네요! 마지막 질문입니다. '일할 때 시간 가는 줄 모른다.' 몇 점인가요?"

"3~4점 정도요. 자리에 앉으면 여기저기서 부르고, 회의가 많고, 업무 요청도 계속 오니까 집중할 시간이 부족해요."

"충분히 공감해요. 잦은 회의와 업무 요청은 직원들의 업무 몰입을 방해하는 대표적인 요소죠."

"말씀을 듣다 보니, 직원들이 몰입할 수 있도록 돕는 게 생각보다쉽지 않은 일이라는 걸 새삼 깨닫게 되네요."

"맞아요. 갤럽의 2024년 글로벌 직장 보고서에 따르면, 전 세계 직장인의 23%만이 업무에 몰입하고 있다고 해요.[12] 특히 한국은 몰입도가 13%에 불과하고, 적극적 비몰입 상태인 직원이 24%나 됩니다. 비몰입 상태의 직원까지 포함하면 무려 87%의 한국 직장인들이 몰입하지 않는다는 뜻이에요."

GALLUP 2024 글로벌 직장 보고서 — Employee Engagement

지역	몰입	비몰입	적극적 비몰입
글로벌	23%	62%	15%
동아시아	18%	67%	14%
한국	13%	63%	24%

"이 수치만 봐도 리더가 직원들의 업무 몰입에 더 많은 관심을 가져야 하는 이유가 명확해요. 몰입도가 높은 직원들은 생산성과 수익성이 높고, 고객 만족도도 올라가죠. 반면, 몰입이 낮거나 적극적 비몰입 상태의 직원들은 조직에 상당한 손실을 초래합니다. 예를 들어, 미국에서는 이런 직원들로 인해 매년 4,500~5,500억 달러의 손실이 발생한다고 해요."

"정말 엄청난 금액이네요. 몰입이 단순한 개인의 동기가 아니라, 조직 전체의 성과와 직결되는 문제라는 생각이 듭니다."

"바로 그거예요. 리더로서 몰입을 높이는 방법을 고민하고 실행하는 것은 조직의 성공을 위한 핵심 전략이에요. 단순한 동기부여를 넘어서, 몰입을 유도하는 환경을 어떻게 만들지에 대한 고민이 필요하죠."

"루이스! 잦은 회의, 업무 요청 외에도 직원들이 몰입하지 못하는 이유가 더 많을 것 같아요. 가끔은 심신이 지치고, 배터리가 완전히 방전된 느낌이 들 때도 있잖아요?"

"좋은 표현이네요. 실제로 몰입을 방해하는 요소는 생각보다 다양해요. 한 기관의 조사에 따르면, 직원들이 몰입하지 못하는 이유는 총 7가지로 정리됩니다.[13] 어떤 항목이 가장 공감되는지 한번 들어보세요.

첫 번째는 업무 수행과 학습 과정이 무시되는 경우예요. 목표 달성에만 초점을 맞추다 보면 직원들이 과정에서 고민하거나 도전할 기회를 잃게 되죠. 조직이 단기적인 성과에만 집중하면, 직원들은 단순히 '해야 하는 일'을 수행할 뿐, 자신의 역량을 키우고 성장할 기회를 얻지 못하게 됩니다."

"그럼 어떻게 해야 할까요?"

"일부 기업들은 결과뿐만 아니라 과정에서의 학습과 도전적인 시도를 평가하고 보상합니다. 예를 들어, 프로젝트의 최종 성과만이 아

니라 그 과정에서 얼마나 창의적으로 문제를 해결했는지, 어떤 배움을 얻었는지를 인정하는 거죠. 이렇게 업무 수행 과정과 학습을 존중하는 문화가 형성되면 직원들은 자신이 성장하고 있다고 느끼면서 몰입할 가능성이 높아집니다.

두 번째 이유는 기회와 역량의 불균형입니다. 역량이 부족한 상태에서 새로운 업무 기회를 받으면 자신감을 잃고 몰입하기 어려워지고, 반대로 역량이 높은데도 단순한 업무만 맡게 되면 도전 의식이 사라지죠."

"그렇다면 업무 배분을 할 때, 직원들의 역량 수준을 고려하고, 성장에 맞는 도전 과제를 주는 것이 중요하겠네요?"

"정확해요. 적절한 난이도의 과제가 주어졌을 때 가장 몰입할 수 있거든요. 세 번째 이유는 다니엘도 공감할 텐데, 업무가 너무 자주 변경되거나, 비효율적인 반복 업무가 폭주할 때입니다. 하루에도 몇 번씩 우선순위가 바뀌고, 불필요한 반복 업무가 많아지면 직원들은 집중력을 잃고 쉽게 지쳐요. 이럴 때 리더는 불필요한 업무를 줄이고, 우선순위를 명확하게 정리해 주는 것이 중요합니다. 최근에는 RPARobotic Process Automation 같은 기술을 도입해 반복적인 업무를 자동화하는 기업들도 많아요. 직원들이 더 가치 있는 일에 집중할 수 있도록 환경을 조성하는 것이 리더의 역할이죠.

네 번째는 피드백 부족입니다. 직원들은 자신의 업무가 제대로 진행되고 있는지, 개선할 점이 무엇인지 알지 못하면 쉽게 동기와 몰입을 잃게 됩니다. 효과적인 피드백은 단순한 업무 평가가 아니라, 직원이 수행하는 일이 조직에 어떤 의미가 있는지, 어떤 긍정적인 결과

를 가져오는지를 알려주는 과정이어야 해요."

"그렇군요. 반대로 피드백이 부정적이거나, 가치관이나 태도만을 지적하는 식이면 오히려 몰입을 방해하겠네요."

"맞아요. 다섯 번째는 냉소주의입니다. 직원들이 조직과 리더를 신뢰하지 않으면 모든 것을 부정적으로 바라보게 돼요. 조직이 약속을 지키지 않거나, 리더가 말뿐인 행동을 반복하면 직원들은 점점 신뢰를 잃고, 조직에 에너지를 투입할 이유를 찾지 못하게 됩니다. 몰입도가 떨어지는 것은 당연한 결과죠."

"조직과 리더에 대한 신뢰가 중요하다는 말씀이군요."

"네. 여섯 번째 이유는 지나친 간섭과 통제예요. 리더가 사사건건 간섭하면 직원들은 자율성과 책임감을 잃고, 신뢰받지 못한다고 느낍니다. 이렇게 되면 창의적이고 주도적인 태도가 사라지고, 동기부여와 몰입도가 급격히 낮아집니다. 지속적인 간섭은 스트레스와 불만을 키우고, 업무 효율성까지 떨어뜨릴 수 있어요."

"자율성을 주지 않으면 직원들이 성장할 기회를 얻지 못하고, 결국 몰입하지 못하는 거군요."

"그렇죠. 마지막 이유는 긴장감 부족입니다. 업무가 너무 단조롭고 중요하지 않게 느껴지면 도전 의식이 사라지고, 몰입도도 낮아집니다. 직원들이 몰입하려면 적절한 긴장감이 필요해요. 이를 위해서는 도전적인 목표를 설정하고, 업무가 조직의 성과와 어떻게 연결되는지를 명확히 전달해야 합니다. 또한 정기적인 피드백을 통해 진행 상황을 점검하고, 성취감을 느낄 수 있는 환경을 조성하는 것이 중요합니다."

"구글은 최고의 복리후생을 제공하면서도 직원들의 긴장감을 유지하기 위해 동료 평가 제도를 운영하잖아요. 서로 아이디어를 공유하고 경쟁하면서 자연스럽게 몰입을 높이는 방식이군요."

"맞아요. 결국, 몰입을 방해하는 요소들은 대부분 리더가 관심을 가지고 해결할 수 있는 것들이에요. 리더가 어떤 환경을 조성하느냐에 따라 직원들의 몰입 수준이 크게 달라질 수 있습니다."

"오늘 이야기 들으면서 리더로서 직원들의 몰입을 높이는 방법을 더 고민해 봐야겠다는 생각이 들었어요. 그런데 기존의 심리학적 관점에서는 직원들이 왜 몰입하지 않는지에 초점을 맞췄다면, 긍정심리학에서는 반대로 '왜 몰입하는가?'를 연구한다고 하셨죠? 이제 그 부분도 알고 싶어요!"

"좋아요. 이제부터는 직원들이 몰입하는 이유에 대해 이야기해 봅시다."

"루이스, 직원들이 몰입하는 이유를 알고 싶어요. 동기부여를 넘어, 리더로서 어떤 환경을 만들어야 할지 고민됩니다."

"좋은 질문이에요. 앞서 이야기했듯이 업무 몰입은 중요한 직무 태도 중 하나예요. 리더는 직원들이 몰입하기 위해 필요한 심리적 조건과 욕구를 이해하고, 이를 충족시키는 환경을 조성해야 합니다."

"팀원들에게 직접 물어봤어요. 언제 가장 몰입되는지 말이죠. 대부분 일이 재미있을 때, 그리고 자신이 주도적으로 할 때 몰입된다고 하더군요."

"훌륭한 질문이었네요. 직원들이 몰입할 수 있는 조건은 크게 두 가지로 나눌 수 있어요. 첫 번째는 정서적 지원, 즉 심리적 욕구가 충족되는 환경이고 두 번째는 자원의 제공, 즉 과중한 업무나 역할 갈등으로 인한 부정적 영향을 완화하는 요소들이 갖춰지는 거예요.

먼저, 욕구-만족 접근부터 이야기해볼까요? 직원들이 몰입하려면 세 가지 욕구가 충족되어야 합니다. 바로 심리적 안전감Psychological Safety, 의미성Meaningfulness, 가용성Availability이죠."

"심리적 안전감이라면, 자신의 생각을 자유롭게 표현할 수 있는 환경이겠죠?"

"맞아요. 심리적 안전감이란 직원들이 자신의 이미지, 지위 또는 경력에 부정적인 결과를 걱정하지 않고, 스스로를 솔직하게 드러낼 수 있는 상태를 말합니다.[14] 조직이 개방적이고 지원적인 환경을 조성하면 직원들은 심리적 안전감을 느끼고, 몰입도가 높아지죠."

"팀원들이 심리적 안전감을 느끼게 하려면 어떤 요소가 필요할까요?"

"첫째, 리더와 동료 간 신뢰가 구축되어야 합니다. 리더가 권위적이고 지시적인 스타일보다는 민주적인 리더십을 발휘할 때, 직원들은 심리적 안전감을 얻습니다. 둘째, 직원들이 자신의 의견을 자유롭게 표현할 수 있는 공식적인 제도가 마련되어야 합니다. 예를 들어, 픽사의 '브레인트러스트Braintrust 회의'나 구글의 '아리스토텔레스 프로젝트Project Aristoteles' 연구에서도 심리적 안전감이 가장 중요한 팀 생산성 요인으로 꼽혔습니다.

두 번째 핵심 요소는 의미성이에요. 직원들이 자신의 일이 조직의 목표에 기여한다고 믿고, 시간을 투자할 가치가 있다고 느낄 때 몰입하게 됩니다. 다니엘이 팀원들에게 '재미있거나 주도적으로 일할 때 몰입된다'는 답변을 들었다고 했죠? 바로 업무의 의미성을 높이는 중요한 단서예요."

"일이 중요하다고 느낄 때, 혹은 성장의 기회가 있다고 판단할 때 몰입하는 것 같아요."

"정확해요. 의미성은 직원들이 자신의 일이 단순한 작업이 아니

라, 조직과 사회에 기여하는 중요한 역할을 한다고 인식할 때 형성됩니다."

"그럼 의미성을 높이려면 어떻게 해야 하나요?"

"일반적으로 직원들의 업무에 대한 의미성을 높여주기 위해서는 세 가지 측면에서 생각해 볼 수 있어요. 첫 번째는 업무를 하는 데 필요한 기술의 다양성을 높여주는 것이죠. 두 번째는 개별적인 업무를 부분적으로 맡는 것이 아니라, 하나의 과정을 처음부터 끝까지 조정하여 최종 결과까지 책임질 수 있도록 하는 거예요. 세 번째는 직원이 자신의 업무가 다른 사람과 조직에 얼마나 중요한 영향을 미치는지 인식시켜 주는 거죠.

예를 들어, 고객 상담직이라면 단순한 전화 응대에서 벗어나 이메일이나 챗봇 상담을 병행하도록 하거나, 개발자라면 프로젝트의 기획 단계부터 참여시켜 업무의 깊이를 높이는 방법도 있겠죠. 또 업무를 배분하거나 지시할 때 그 업무의 가치나 중요성에 대해 충분하게 설명하면 효과적이겠죠."

"그런 것들을 우리 팀원들에게 적용할 지 고민해 봐야겠네요."

"마지막으로 가용성이에요. 직원들이 업무에 몰입하려면 육체적, 감정적, 인지적 자원이 충분해야 합니다. 피로하거나 스트레스가 많으면 몰입이 어렵겠죠."

"그럼 가용성을 높이는 요소는 어떤 것들이 있을까요?"

"첫 번째는 통제의 위치Locus of Control입니다. 자신이 업무를 통제할 수 있다고 믿는 사람일수록 몰입도가 높아집니다. 두 번째는 자존감Self-Esteem 입니다. 자신을 긍정적으로 바라보는 직원은 도전을

두려워하지 않고 몰입할 가능성이 큽니다. 세 번째는 업무 자율성Job autonomy입니다. 직원이 자신의 방식대로 일할 수 있을 때 가용성이 증가하죠. 마지막으로 스트레스 관리도 중요합니다. 스트레스가 높은 환경에서는 신체적·정신적 에너지가 빠르게 소진되어 가용성이 낮아질 수밖에 없어요.

정리해 보면, 직원들이 몰입하려면 심리적 안전감, 의미성, 가용성 이라는 세 가지 요소가 충족되어야 합니다. 리더는 이 세 가지 요인을 고려해 직무 설계를 하고, 조직문화를 형성하며, 직원 개개인의 성향을 반영해야 하죠."

"오늘 대화를 통해 직원 몰입을 높이기 위한 전략이 명확해진 것 같아요. 이제는 제가 직접 팀원들에게 적용해 볼 차례네요."

"이야기한 내용을 실천하면서, 실제 팀원들의 반응도 살펴보면 더 좋은 리더가 될 수 있을 거예요."

04 번아웃을 낮추고 몰입을 높이는 환경설계

"루이스, 팀원들이 업무 과부하나 시간적 압박에 시달릴 때가 많아요. 그런 상황에서도 직원들이 몰입하도록 돕는 방법이 있을까요? 물론, 지난번 말씀하신 것처럼 심리적 욕구와 조건이 충족되어야 한다는 점은 이해합니다."

"좋은 질문이에요. 하지만 리더의 의지만으로 모든 상황을 통제할 수는 없죠. 예기치 않은 변수들이 직원들에게 스트레스를 주고, 몰입도를 떨어뜨리며, 결국 성과에도 부정적인 영향을 미칩니다. 이런 상황에서 리더가 해야 할 일은, 직원들이 어려움을 잘 극복하고 몰입할 수 있도록 환경을 조성하는 거예요. 다니엘도 직장생활에서 힘든 순간을 극복했던 경험이 있을 것 같은데요?"

"HRD 업무를 하다가 현장 경험을 쌓고 싶어서 영업으로 직무를 바꿨던 적이 있어요. 처음엔 의욕이 넘쳤지만, 실적을 내야 한다는 부담감이 커서 스트레스를 많이 받았죠. 그런데 힘들 때마다 '다 괜찮아질 거야. 처음엔 다 힘든 거잖아. 우리 한잔하면서 풉시다!'라며 격려해 준 동료들이 있었어요. 그분들 덕분에 버틸 수 있었죠."

"그런 든든한 동료들이 다니엘에게 큰 힘이 되었겠네요. 사실, 이런 경험이 직무 요구-자원 모델Job Demands-Resources Model로 설명될 수 있어요. 직원들이 어려운 상황에서도 몰입하고 성과를 내도록 돕기 위해, 리더는 이 모델을 전략적으로 활용해야 합니다. 이 모델은 직원들이 직면한 직무 요구Job Demands를 효과적으로 관리하면서, 동시에 직무 자원Job Resources을 제공해 몰입과 성과를 촉진할 수 있도록 설계된 이론이에요."[15]

"좀 더 자세하게 설명해 주실 수 있을까요?"

"직무 요구-자원 모델은 두 가지 핵심 요소로 이루어져요.

첫째, 직무 요구는 직원이 업무를 수행하며 겪는 정신적·육체적 부담을 의미해요. 대표적인 예로 과도한 업무량, 시간적 압박, 역할 갈등이 있죠. 직원이 계속해서 이런 환경에 노출되면 결국 신체적·정신적으로 소진되고, 몰입도는 낮아질 수밖에 없어요.

둘째, 직무 자원은 이러한 직무 요구를 극복하고 몰입과 동기를 유지할 수 있도록 돕는 요소예요. 리더의 지원, 명확한 목표 설정, 적절한 피드백, 자율성 보장 같은 것들이 포함되죠. 리더가 이런 자원을 잘 제공하면 직원들의 몰입도가 올라가고, 성과도 자연스럽게 향상됩니다."

"그러니까 리더가 직원들이 직무 요구로 인해 받는 스트레스를 최소화하고, 몰입을 촉진할 수 있도록 직무 자원을 제공해야 한다는 말씀이군요."

"정확해요. 예를 들어, 지속적으로 과중한 업무와 시간 압박을 받는 직원이 있다고 가정해 봅시다. 이 직원이 아무런 자원 없이 일한

다면 스트레스가 쌓이고 결국 번아웃에 빠질 가능성이 높아요. 하지만 같은 환경에서도 충분한 자율성을 보장받고, 명확한 목표를 가지고 있으며, 리더가 지속적인 피드백과 정서적 지원을 해준다면 몰입도가 올라가고, 성과도 향상될 가능성이 큽니다."

"그런데 루이스, 개인마다 업무를 대하는 태도가 다르잖아요? 예전에 선배 한 분이 항상 늦게까지 일했지만 힘들어하는 기색 없이 '직장생활이 다 그렇죠. 세상에 쉬운 일이 어디 있어요?'라며 웃어넘기던 게 기억나네요."

"좋은 포인트예요. 같은 직무 요구를 겪어도 직원마다 몰입도와 스트레스 반응이 다른 이유는 개인 자원Personal Resources 때문입니다. 개인 자원은 스트레스를 관리하고 몰입을 유지하는 데 필요한 개인의 심리적 특성과 능력을 의미해요."

"개인 자원이라… 어떤 것들이 해당되나요?"

"대표적인 개인 자원으로는 자기효능감Self-Efficacy, 회복탄력성Resilience, 낙관주의Optimism, 자기통제력Self-Regulation, 자존감Self-Esteem 등이 있어요. 예를 들어, 높은 판매 목표와 고객 불만 처리를 동시에 책임져야 하는 직원이 있다고 가정해 보죠.

자기효능감이 높은 직원이라면 '나는 이 판매 목표를 충분히 달성할 수 있어'라는 신념을 가지고 더 적극적으로 일할 거예요. 한편 회복탄력성이 높은 직원이라면 고객 불만이나 거절 같은 부정적인 상황에서도 쉽게 좌절하지 않고, 오히려 더 나은 대안을 찾아 계속해서 판매 활동을 이어갈 겁니다."

"그렇다면 개인 자원은 선천적인 걸까요? 아니면 리더가 키워줄

몰입을 위한 개인 자원 개발 가이드

구분	내용
자기효능감 높이기	• 적절한 도전 과제 부여: 직원이 성취감을 높일 수 있는 수준의 도전적 과제 부여를 통해 성공 경험을 축적 • 긍정적 피드백 제공: "잘했어"라는 단순한 칭찬보다 구체적으로 어떤 부분에서 성공했는지 설명 • 멘토링과 코칭: 직원에게 필요한 기술과 지식을 제공하는 멘토링이나 코칭 실천
회복탄력성 강화	• 실패에 대한 긍정적 태도 장려: 직원이 실패를 두려워하지 않도록 격려하고, 실패를 성장의 기회로 바라보게 하는 문화 조성 • 비난보다는 배울 점을 찾도록 격려: 실패를 성장의 과정으로 인식하고, 실수에서 교훈을 얻을 수 있도록 지원 • 성장 마인드셋 촉진: 어려움을 도전으로 보고, 이를 통해 성장할 수 있는 성장 마인드셋을 가질 수 있도록 교육 및 프로그램 도입
낙관주의 촉진	• 긍정적인 비전 제시: 조직과 자신에 대한 미래를 낙관적으로 바라볼 수 있도록 조직의 비전과 목표를 긍정적으로 전달 • 긍정적 사고 훈련 제공: 회의나 교육 프로그램에서 긍정적인 사고 훈련 도입 • 성취에 대한 인정: 직원이 성과를 이루었을 때, 적극적으로 인정하고 축하하는 문화 형성
자기통제력 강화	• 명확한 목표 설정: 직원이 달성 가능한 명확한 목표를 설정하도록 돕고, 그 목표에 집중하도록 지원 • 시간 관리 훈련 제공: 시간 관리와 관련된 교육 프로그램 제공 • 스트레스 관리 지원: 스트레스를 관리할 수 있는 자원(예: 명상, 스트레스 관리 교육 등) 제공
자존감 높이기	• 직무 적합성 고려: 직원의 능력과 적성에 맞는 직무를 맡도록 배치하여 자신의 능력 발휘 기회 제공 • 성과 인정: 개인의 노력을 존중하고 구체적으로 피드백 제공. • 성장 기회 제공: 직원이 새로운 기술을 배우거나 더 높은 직무로 도전할 수 있는 기회를 부여하여 개인의 가치인식 촉진

수도 있나요?"

"아주 중요한 질문이에요. 개인 자원은 어느 정도 타고나는 요소도 있지만, 조직과 리더가 지원하면 충분히 개발할 수 있습니다. 예를 들어, 자기효능감을 높이려면 적절한 도전 과제를 부여해서 성공 경험을 축적할 기회를 줘야 해요. 또한 단순한 칭찬이 아니라 '이 부분을 이렇게 개선해서 성과가 좋아졌다' 같은 구체적인 피드백이 필요하죠.

회복탄력성을 키우려면 실패를 성장의 기회로 바라볼 수 있도록 돕는 문화가 중요합니다. 실수를 비난하는 대신, '이번 경험에서 배울 점이 무엇일까?'를 고민하게 하는 방식이죠. 낙관주의를 촉진하려면 조직의 미래와 개인의 발전 가능성을 긍정적으로 전달하는 것도 필요합니다."

"그렇군요. 결국 리더십이 직원들의 직무 자원뿐만 아니라 개인 자원에도 큰 영향을 미친다는 걸 알게 됐어요."

"맞아요. 리더가 일방적으로 목표를 설정하고 성과를 관리하는 것이 아니라, 직원들이 몰입을 유지할 수 있도록 정서적·심리적 자원을 제공하는 것이 중요합니다. 결국 리더십의 존재 이유는 직원들이 몰입할 수 있도록 돕고, 이를 통해 조직 목표를 달성하는 것이니까요."

"루이스, 한 가지 더 궁금한 게 있어요. 리더가 몰입하면 직원들에
게 어떤 영향을 미칠까요?"

"그게 왜 궁금하죠?"

"솔직히 말하면, 리더가 너무 몰입하면 오히려 직원들을 더 힘들
게 하는 게 아닐까 싶어서요."

"그런 생각을 하는 것도 의미 있어요. 하지만 혹시 리더의 업무 몰
입을 기존의 방식, 그러니까 그저 직원들을 몰아세우고 열심히 하라
고 다그치는 것으로 오해하고 있는 건 아닐까요?"

"그러고 보니 제가 몰입을 학습하고도 기존의 인식에서 완전히 벗
어나지 못한 것 같네요."

"리더의 몰입이 직원들에게 어떤 영향을 미치는지는 사회학습이
론으로 설명할 수 있어요. 직원들은 자신이 신뢰하거나 존경하는 리
더의 행동을 관찰하고 자연스럽게 따라 하게 되죠. 몰입도 마찬가
지예요. 리더가 자신의 업무에 열정을 갖고 헌신하는 모습을 보이
면, 팀원들도 그 모습을 보고 자극받아 몰입하게 될 가능성이 커집

니다."

"결국 리더의 태도가 팀원들의 몰입에 영향을 미친다는 거네요."

"맞아요. 리더의 헌신은 개인적인 태도에서 끝나는 게 아니라, 팀 전체에 강력한 동력을 만들어내요. 리더가 먼저 몰입하면 직원들도 '우리도 이렇게 할 수 있구나'라는 메시지를 받게 돼요. 그렇게 몰입이 조직문화로 자리 잡는 거죠."

"결국 리더가 먼저 보여줘야 한다는 거군요."

"그렇죠. 리더는 지시만 내리는 사람이 아니라, 팀의 롤모델이에요. 리더가 먼저 몰입의 본보기를 보여주면, 직원들도 자연스럽게 그 문화를 받아들이고 더 헌신하게 돼요. 리더의 몰입이 곧 팀 전체의 몰입으로 이어지는 중요한 연결고리인 거죠."

"생각해보니, 리더가 몰입하면 직원들도 더 의미를 느끼고 몰입할 확률이 높아지겠네요."

"바로 그겁니다. 다니엘, 이번에도 지난번처럼 학습한 내용을 정리해서 메일로 보내주세요. 이제부터는 제가 말하지 않아도 피드백을 주는 습관을 들이면 좋겠어요."

"알겠습니다! 사실 지난번에도 피드백을 정리하면서 학습한 내용을 체계적으로 정리할 수 있어서 좋았어요. 실천 계획을 세우는 과정에서 제 자신을 더 돌아볼 수 있었고요. 업무 몰입이라는 주제가 정말 두 번에 걸쳐 배울 만큼 가치 있는 것 같아요. 저는 왜 일하는지, 그리고 리더로서 어떻게 일해야 하는지와도 연결되는 느낌이 들었어요. 긴 시간 이야기 나눠주셔서 감사합니다!"

　업무 몰입이 개인의 태도를 넘어 조직의 성과와 문화에 직결되는 중요한 요소임을 다시금 깨달았습니다. 특히 심리적 안전감, 의미성, 가용성이 몰입의 핵심 조건이며, 리더의 역할이 이를 결정짓는다는 점이 인상적이었습니다. 이번 대화를 통해 얻은 핵심을 정리하면 다음과 같습니다.

1. **심리적 안전감 조성:** 팀원들이 자유롭게 의견을 표현하고 실수를 성장의 기회로 받아들일 수 있도록 신뢰 기반의 팀 문화를 형성하겠습니다.
2. **의미성 강화:** 팀원들의 업무가 조직 목표와 연결된 의미를 명확히 전달하고, 성장 기회와 주도적인 역할을 부여하겠습니다.
3. **가용성 관리:** 업무 과부하를 최소화하고, 우선순위를 명확히 정리하여 에너지를 효율적으로 사용할 수 있도록 지원하겠습니다.
4. **솔선수범:** 저 스스로 몰입하는 모습을 통해 팀원들에게 긍정적인 영향을 주고, 몰입 문화를 조성하겠습니다.

　어제 나눈 대화가 제 리더십 방향을 더 선명하게 잡아주는 계기가 되었습니다.

다니엘 드림

주요 직무 태도

- 직무 만족Job Satisfaction: 개인이 직무를 좋아하는 감정적인 상태
  (정서적 만족 + 인지적 만족)
- 직무 몰입Job Engagement: 개인이 자신의 직무를 정체성의 일부로
  여기고 동일시하는 인지적 신념
- 업무 몰입Work Engagement: 업무 역할에 자신의 물리적, 인지적, 감
  정적 에너지를 쏟는 과정

직원들이 몰입하지 못하는 7가지 이유

1. 업무 수행과 학습 과정의 무시
2. 기회와 역량의 불균형
3. 잦은 업무 변경과 과도한 잡무
4. 적절한 피드백의 부재
5. 리더와 조직에 대한 냉소주의
6. 지나친 간섭과 통제적 리더십
7. 긴장감 부족

업무 몰입을 위한 두 가지 조건

- 욕구–만족 접근The Needs-Satisfying Approach
  → 심리적 안전감, 의미성, 가용성이라는 세 가지 핵심 욕구가 충족

될 때 몰입 증가

- 직무 요구-자원 모델The Job Demands-Resources Model

  → 과도한 업무나 역할 갈등으로 인한 부정적 영향을 완화할 수 있는 충분한 자원이 제공될 때 몰입 증가

몰입을 촉진하는 첫 번째 요소: 심리적 안전감

- 리더와 동료 간 신뢰 형성
- 민주적 리더십 스타일
- 자유로운 의견 개진을 위한 제도적 장치
- 창의적이고 실수를 허용하는 조직문화

가용성을 높이는 네 가지 요소

- 통제의 위치Locus of Control → 내적 통제력이 강할수록 몰입 증가
- 자존감Self-Esteem → 긍정적 자기 인식이 몰입 강화
- 업무 자율성Autonomy → 자율성이 높을수록 가용성 증가
- 스트레스 관리Stress Management → 스트레스가 낮을수록 몰입 강화

직무 요구-자원 모델Job Demands-Resources Model

- 직무 요구Job Demands → 과도한 업무량, 시간적 압박, 역할 갈등 등 직원이 직면하는 정신적·육체적 부담
- 직무 자원Job Resources → 몰입을 촉진하고 스트레스를 완화하는 요소(리더의 지원, 명확한 목표 설정, 피드백, 자율성)
- 개인 자원Personal Resources → 직원이 스트레스를 효과적으로 관

리하고 몰입을 유지하는 능력(자기효능감, 회복탄력성, 낙관주의, 자기 통제력, 자존감)

3 솔선수범,
리더십의 치트키

솔선수범은 단순한 태도가 아니라 조직의 성과를 높이고, 직원들의 태도를 변화시키며, 팀 문화를 만드는 핵심 리더십 전략이다. 하지만 많은 리더가 이를 보여주기식 행동이나 형식적인 근면으로 오해한다.

이 장에서는 솔선수범의 본질과 효과, 그리고 잘못된 솔선수범이 미칠 부정적 영향을 탐구한다. 또한 신뢰, 행동의 긍정적 결과, 내적 동기부여, 지속적인 모델링 등 솔선수범이 효과를 발휘하는 핵심 요소를 분석한다. 리더는 말하는 사람이 아니라 행동하는 사람이다. 기대하는 것이 아니라 먼저 보여주는 것이 진짜 솔선수범이며, 이는 조직을 변화시키는 가장 강력한 리더십 무기이다.

01 솔선수범, 제대로 하고 있는가?

"이번 주제는 솔선수범이네요. 다니엘, 리더의 솔선수범에 대해 의문이 생겼다고 했죠?"

"네. 솔선수범은 리더십의 기본이라고들 하잖아요? 그런데 과연 이게 항상 좋은 결과를 가져오는 걸까요?"

"그렇게 생각하는 이유가 뭔가요? 혹시 그와 관련된 어떤 경험이 있었나요?"

"예전에 한 팀장님이 솔선수범을 정말 중요하게 여기셨어요. 늘 가장 먼저 출근해서 늦게까지 일하고, 팀원들에게도 헌신적인 모습을 보였죠. 처음엔 팀원들도 감동했고, 저희를 위해 애쓰는 모습이 미안하게 느껴지기도 했어요. 하지만 시간이 지나면서 분위기가 조금씩 달라졌어요."

"어떤 점이 문제였나요?"

"처음엔 팀장님의 헌신을 고맙게 생각했는데, 점점 팀원들이 팀장님께 의존하는 모습이 보이기 시작했어요. 일상적인 업무도 팀장님이 알아서 챙겨주니 굳이 주도적으로 움직일 필요가 없었거든요. 나

중엔 감사하는 마음보단, 그게 당연한 일이 되어버린 것 같았어요."

"결국, 팀원들은 더 몰입하기보다는 오히려 의존적으로 변했다는 말이군요."

"네. 팀장님도 어느 순간부터 불만이 생기신 것 같았어요. '내가 이렇게까지 하는데, 왜 팀원들은 주도적으로 움직이지 않는 거야?'라는 말을 자주 하셨거든요. 그런데 솔직히 팀원들 입장에서는 팀장님이 다 해주는데 굳이 나설 필요를 못 느꼈던 거죠."

"그 팀장님이 팀원들을 위해 애쓴 건 분명 좋은 의도에서 시작된 거겠죠. 하지만 리더의 역할은 팀원들이 스스로 문제를 해결하고 성장하도록 돕는 것이어야 해요. 아무리 좋은 의도라도 방식이 잘못되면 오히려 역효과를 낼 수 있거든요."

"결국 중요한 건 팀원들이 정말 필요로 하는 지원이 무엇인지 파악하는 거였겠죠. 일을 대신 해주는 것이 아니라, 스스로 해결할 수 있도록 돕는 방식이었어야 했던 것 같아요."

"그렇죠. 그리고 또 하나, 리더가 자신의 헌신을 지나치게 강조하는 것도 조심해야 해요."

"맞아요. 헌신은 자연스럽게 보여질 때 진정성이 느껴지는데, 만약 '내가 이렇게까지 하고 있다'는 걸 스스로 강조하면 오히려 부담스럽고 부정적으로 받아들여질 수도 있겠다는 생각이 들었어요."

"솔선수범은 리더가 앞장서서 모든 일을 처리하는 게 아니에요. 중요한 건 팀원들이 각자의 역할과 책임을 다할 수 있도록 환경을 조성하는 것이죠. 리더가 원하는 행동을 직접 실천하면서, 말이 아닌 행동으로 기준을 세우고 팀원들이 자연스럽게 따라오도록 만드는 거

예요."

"그럼 효과적인 솔선수범이 되려면 어떤 기준이 필요할까요?"

"중국 병법서 『육도삼략』에는 이런 문장이 있어요."

장수는 병사들이 자리에 앉기 전에 앉지 말고, 식사하기 전에 식사하지 말라. 샘을 다 파기 전에 목마르다고 하지 말며, 막사가 준비되기 전에 피로하다고 하지 말 것이며, 밥 짓기가 다 되기 전에 배고프다고 말하지 않는다. 병사들의 막사에 불이 켜지기 전에 장수는 자기 막사에 불을 먼저 켜지 말라. 또한 장수는 겨울에 외투를 입지 않고, 여름에 부채를 쓰지 않으며, 비 올 때도 우의를 입지 않는다. 그러할 때 병사는 죽도록 장수를 따른다.

"리더가 진짜 헌신적으로 행동하면 직원들도 자연스럽게 따라올 것 같아요. 그런데 막상 떠올려보니, 제가 무엇을 솔선수범해야 할지 선뜻 감이 오지 않네요."

"좋아요. 그렇다면 '솔선수범의 핵심 요소'에 대해 좀 더 구체적으로 이야기해보죠. 리더가 어떻게 행동할 때 솔선수범이 효과를 발휘하는지, 그리고 어떤 점을 조심해야 하는지 말이에요."

"네, 솔선수범이 진짜 효과적으로 작용하려면 어떤 조건이 필요한지 꼭 알고 싶어요."

02 팀원을 움직이는 다섯 가지 솔선수범 행동

"솔선수범이란 앞장서는 것이 아니라, 조직 전체를 위한 더 큰 그림을 그리고, 리더가 자발적으로 자신의 편의나 이익을 내려놓으며 팀의 본보기가 되는 행동입니다. 중요한 것은 '다른 사람이 쉽게 하지 못하는 일을 먼저 나서서 실천하는가'에 있죠.[16]

솔선수범은 아래 다섯 가지 요소를 모두 포함해야 제대로 된 리더십으로 작동해요. 앞장서서 열심히 하는 것이 아니라, 전략적으로 '어떤 행동을 보여줄 것인가'를 고민해야 하는 것이죠. 제가 준비한 표를 보면 이해가 될 거예요.

솔선수범의 다섯 가지 핵심 요소

구분	내용
모범성	기피되는 업무를 자청하거나, 집단의 목적을 개인 이익보다 우선시하고 윤리적·규범적으로 모범을 보이는 것
선도성	조직 목표 달성을 위해 앞장서고, 새로운 방식과 효율적인 프로세스를 도입하는 태도

능동성	남이 시키기 전에 자발적으로 문제를 해결을 위해 자원하고, 적극적으로 기여하는 태도
직접 실천성	현장 지향적인 행동을 하고 언행일치를 실천하는 자세와 행동을 보이는 태도
사회적 영향성	사회적으로 바람직한 의미 있는 일을 지향하고 조직 목표나 정책을 지지하는 것

첫 번째 요소인 모범성부터 볼까요? 리더가 위험하거나 기피되는 업무를 자청하고, 조직과 팀의 목표를 개인적인 이익보다 우선하는 태도가 모범성의 핵심이에요. '내가 앞장선다'가 아니라, 윤리적이고 규범적으로 올바른 행동을 보여야 팀원들이 신뢰하고 따를 수 있어요. 예를 들어, 팀장이 팀원들과 함께 만든 규칙을 자신부터 철저히 지키면, 팀원들도 자연스럽게 그 원칙을 따르게 되죠."

"이 부분을 듣고 떠오르는 사례가 있어요. 영화 〈설리: 허드슨강의 기적〉에서 체슬리 설렌버거 기장이 떠오르네요. 허드슨강에 비상 착륙한 뒤, 마지막까지 기내에 남아 승객 전원을 구출한 후에야 비행기를 떠났잖아요. 155명의 승객과 승무원을 모두 구조하며 보여준 책임감과 리더십은 전 세계적인 찬사를 받았죠. 이 사례가 모범성을 잘 보여주는 것 같아요."

"적절한 사례네요. 설렌버거 기장의 행동은 모범성의 완벽한 본보기라고 할 수 있어요. 이와 비슷한 예로 마이크로소프트 CEO 사티아 나델라Satya Nadella도 있어요. 조직 내 경쟁이 심화되고 협업이 사라진 상황에서, 직접 윤리적 리더십과 성장 마인드셋을 강조하며 변화를 주도했죠. 장애인의 접근성을 고려한 기술 개발, 윤리적 AI 설

계 등 사회적 가치를 실천하면서 조직문화를 전환시켰어요. 이런 리더십은 단순한 실적 향상이 아니라 조직의 가치까지 변화시키는 것이죠."

"두 번째 요소인 선도성은 어떤 의미일까요?"

"조직 목표를 달성하기 위해 리더가 앞장서서 새로운 방식을 시도하고, 효율적인 프로세스를 도입하는 거예요. 직원들은 복잡한 절차를 단순화하고, 스마트한 방식을 제안하는 리더를 더 따르고 싶어 하죠."

"스타벅스의 하워드 슐츠Howard Schultz가 떠오르네요. 2008년 CEO로 복귀했을 때, 스타벅스는 급격한 성장 속에서 품질과 브랜드 정체성을 잃고 있었어요. 슐츠는 전국 매장을 일시적으로 닫고, 바리스타 교육을 직접 기획하고 시행했어요. 기존 사업 모델도 재검토하며 모바일 결제 도입, 원두 품질 개선, 매장 환경 혁신을 주도했죠. 결국 그의 결단력으로 스타벅스는 다시 성장 궤도에 올랐어요."

"맞아요. 슐츠의 사례는 선도성이 조직에 미칠 수 있는 긍정적인 영향을 잘 보여줘요. 리더가 새로운 변화를 주도하고, 조직을 더 나은 방향으로 이끌 때, 팀원들도 자연스럽게 따라오게 되거든요.

그럼, 다니엘은 솔선수범을 실천할 때 가장 중요한 요소가 뭐라고 생각하시나요?"

"음… 선도성과 모범성이 아닐까요? 리더가 방향을 제시하고, 자신이 먼저 모범을 보이면 팀원들이 자연스럽게 따를 것 같아요."

"맞아요. 하지만 여기서 중요한 건 균형이에요. 리더가 혼자만 앞서 나가면 팀원들은 따라가지 못하고 오히려 부담을 느낄 수도 있어

요. 솔선수범은 개인의 헌신을 넘어 팀 전체가 함께 성장하도록 유도하는 리더의 태도여야 해요."

"그러고 보니, 예전에 영업팀에서 일할 때 팀장님이 늘 강조하셨던 부분이 떠오르네요. '내가 열심히 하면 팀원들도 따라오겠지'라고 생각하면 안 된다고 하셨거든요. 중요한 건 팀원들이 왜 따라야 하는지 공감할 수 있도록 만들어야 한다는 거였어요."

"정확해요. 그래서 리더의 솔선수범이 효과를 발휘하려면 행동하는 것을 넘어서, 팀원들이 자발적으로 움직일 수 있도록 만드는 것이 핵심이에요. 리더십의 치트키가 되려면 말이죠.

세 번째 요소는 능동성이에요. 리더가 지시를 기다리는 것이 아니라, 스스로 문제를 해결하겠다고 나서는 태도죠. 예를 들어, 직원이 고객 문제로 골머리를 앓고 있거나, 부서 간 갈등으로 힘들어할 때, 리더가 적극적으로 나서서 중재하거나 해결하려고 하면 직원들은 '이 사람이 진심으로 나를 돕고 있구나'라고 느끼게 돼요. 그 신뢰가 조직 몰입도를 높이는 원동력이 되죠.

네 번째 요소는 직접 실천성이에요. 말로만 '잘하자'고 하는 게 아니라, 직접 행동으로 보여주는 태도죠. 리더가 현장을 방문해 직원들이 겪는 어려움을 이해하고, 직접 해결 방안을 찾으려는 노력, 이게 바로 직접 실천성입니다. 사실 직원들이 가장 힘들어하는 건, 숫자와 데이터만 보고 '성과가 왜 이래?'라고 압박하는 리더예요. 실제 현장은 가보지도 않으면서 말이죠. 꼭 현장에 가지 않더라도, 직원들의 목소리를 듣고, 문제를 해결하려는 태도를 보이는 것이 중요해요."

"좀 더 구체적인 사례가 있을까요?"

"혹시 캠벨 수프 아시나요? 미국 서민들이 즐겨 먹는 대표적인 음식이죠. 팝아티스트 앤디 워홀의 작품으로도 유명하고요. 그런데 2000년대 초반, 캠벨 수프는 심각한 위기에 빠졌어요. 갤럽 조사에 따르면 직원 세 명 중 한 명은 적극적으로 빈둥대거나 이직을 준비 중이었고, 주가는 46% 하락했어요. 거의 난파선 같은 상태였죠. 그 회사를 다시 살려낸 사람이 바로 더글러스 코넌트Douglas Conant 전 CEO예요. 2001년 취임 후 10년간 직원 몰입도를 세계 최고 수준으로 끌어올렸죠."[17]

"코넌트가 어떤 변화를 만든 건가요?"

"코넌트는 'MBWAManaging by Wandering Around, 걷기 경영'을 실천했어요. 하루 1만 보씩 걸으며 현장을 돌았고, 직원들에게 '내 도움이 필요한 일이 있을까요?' '더 나아지려면 어떻게 해야 할까요?' 같은 질문을 던졌어요. 그리고 재임 기간 동안 직원들에게 매일 20통씩, 총 3만 장의 감사와 축하의 자필 편지를 썼어요. 직접 발로 뛰고, 진심으로 직원들과 소통하려고 했던 거죠."

"코넌트 이야기를 들으니, 루이스가 직원들과 직접 식사하며 소통하는 이유를 알 것 같아요. 저도 현장에서 더 많이 듣고, 실천해야겠다는 생각이 드네요."

"마지막 요소는 사회적 영향성이에요. 회사 성과만을 위해 움직이는 것이 아니라, 조직이 사회적으로 바람직한 가치를 실현하도록 이끄는 것이죠. 리더가 어떤 결정을 내릴 때, 효율성과 이익만 고려하는 게 아니라 사회적 책임과 가치를 포함해야 해요."

"예를 들어 어떤 사례가 있을까요?"

"스타벅스의 하워드 슐츠가 대표적인 예죠. 그는 스타벅스를 단순한 커피 기업이 아니라, 사회적 책임을 다하는 기업으로 만들고자 했어요. 공정무역 커피 구매를 확대하고, 종이컵 재활용 정책을 도입하며 지속 가능한 경영을 실천했죠. 또, 직원 복지와 지역사회 프로젝트를 강화하면서 브랜드의 신뢰도를 높였어요."

"이야기를 듣다 보니, 솔선수범은 단순히 앞장서는 게 아니라 리더가 어떤 태도로 행동하느냐에 따라 조직과 팀에 미치는 영향이 완전히 달라지는 것 같아요. 정말 리더십의 치트키 같은 요소네요."

"맞아요, 다니엘. 솔선수범은 리더십 스킬을 넘어 조직의 방향성과 문화를 형성하는 중요한 동력이에요. 이 다섯 가지 요소를 바탕으로, 다니엘만의 솔선수범 방식을 고민해 보면 좋겠어요."

03 솔선수범이
독이 되는 순간

"저는 슐츠처럼 거창한 일을 하진 못하겠지만, 사무실에서 개인 컵을 사용하고 이면지를 재활용하는 것처럼 작은 실천부터 해볼 수 있을 것 같아요. 무엇보다 팀원들을 한 사람으로서 존중하는 태도부터 갖추는 게 중요하겠죠. 그런데, 리더가 진심으로 솔선수범을 해도 직원들이 잘 따라주지 않는 경우도 있지 않나요?"

"좋은 질문이에요. '메신저를 먼저 받아들여야 메시지를 받아들인다'라는 말이 있죠. 리더는 단순히 행동하는 사람이 아니라, 그 자체로 메시지가 됩니다. 그런데 리더에 대한 신뢰나 존경이 부족하면, 그 메시지도 왜곡되거나 무시될 수 있어요. 그래서 솔선수범이 양날의 검이라고 불리는 거죠. 긍정적으로 작용하면 팀원들의 동기부여와 몰입을 이끄는 강력한 도구가 되지만, 반대로 작용하면 오히려 반감을 사고 조직 분위기를 해칠 수도 있어요."

"그럼, 리더의 솔선수범이 직원들에게 효과가 없을 때는 어떤 이유 때문일까요?"

"크게 네 가지 이유가 있어요. 모두 리더가 어떻게 행동하는가에

따라 달라지는 요소들이죠.

　첫 번째로, 리더에 대한 신뢰 부족이에요. 과거의 언행으로 신뢰를 잃은 리더가 갑자기 솔선수범을 하면 직원들은 이를 '보여주기식'으로 여길 가능성이 커요.
　두 번째는 일관성 부족입니다. 특정 상황에서만 솔선수범을 보이고 평소에는 무관심하다면, 직원들은 리더가 진정성을 가지고 있다고 생각하지 않아요.
　세 번째는 직원의 동기 부족입니다. 리더가 강조하는 가치나 목표가 직원들에게 의미 있게 다가오지 않으면, 솔선수범은 공허한 행동이 될 뿐입니다.
　마지막은 리더의 과도한 기대예요. 리더가 솔선수범을 지나치게 강조하면서 직원들에게 '나처럼 해야 한다'는 부담을 주면 오히려 거리감이 생길 수 있어요."
　"특히 신뢰와 일관성 부족은 정말 중요한 부분이네요. 리더를 신뢰하지 않는다면, 그 행동 자체를 다르게 해석할 수도 있을 테니까요."
　"맞아요. 솔선수범이 효과를 발휘하려면, 신뢰를 기반으로 해야 해요."

"그렇다면, 리더의 솔선수범이 직원들에게 긍정적인 영향을 미치는 데는 어떤 메커니즘이 작용하는 걸까요?"

"좋은 질문이에요, 다니엘. 이 부분은 심리학에서 말하는 '관찰 학습Observational Learning'과 관련이 있어요. 심리학자 앨버트 반두라Albert Bandura의 사회학습이론에 따르면, 사람들은 타인의 행동을 관찰하고 기억한 뒤, 유사한 상황에서 이를 모방하려는 경향이 있죠. 쉽게 말해, 직원들은 리더의 행동을 보고 배우는 거예요."[18]

"네, 업무 몰입에 대해서도 비슷한 개념을 배운 기억이 나요. 리더가 솔선수범을 하면 직원들이 그것을 기억하고 비슷한 상황에서 따라 하려는 경향이 있다는 거죠?"

"맞아요. 그런데 솔선수범이 제대로 효과를 발휘하려면 네 가지 핵심 요소를 기억해야 해요.

첫 번째는 신뢰입니다. 직원들은 신뢰하고 존경하는 리더의 행동을 더 주의 깊게 보고, 따라 하려는 경향이 있어요. 그런데 만약 리더가 신뢰를 얻지 못한 상태라면, 솔선수범을 실천하더라도 직원들

은 '보여주기 식이겠지'라고 생각하며 받아들이지 않을 가능성이 크죠."

"그렇겠네요. 신뢰가 부족하면 '갑자기 왜 저러지?'라고 의심할 수도 있을 것 같아요."

"정확해요. 신뢰가 바탕이 되지 않으면 솔선수범은 효과를 발휘할 수 없어요. 두 번째 요소는 대리학습Vicarious Learning과 관련이 있는데 그것은 솔선수범이 실제로 긍정적인 결과를 낳았는가입니다. 직원들은 행동의 효과를 직접 목격해야 '아, 저렇게 하면 정말 성과가 나는구나' 하고 따라오게 돼요."

"예를 들면, 리더가 고객 관계 개선을 위해 먼저 움직이고, 그 결과로 높은 성과를 냈다면 직원들도 비슷한 행동을 하려는 동기가 생긴다는 거죠?"

"맞아요. 그런데 반대로, 리더가 열심히 하는데도 결과가 나쁘다면 직원들은 '굳이 저렇게까지 할 필요 있나?'라고 생각할 수도 있어요. 결국 솔선수범도 실질적인 성과와 연결될 때, 직원들의 행동 변화를 이끌어낼 수 있는 거죠.

세 번째는 동기부여예요. 리더의 솔선수범이 직원들에게 동기부여가 돼야 해요. 리더가 앞장서서 일한다고 해서 직원들이 무조건 따라오는 건 아니잖아요? 리더가 문제를 해결하고 조직에 긍정적인 영향을 미치는 모습을 직접 보여줄 때, 직원들도 '나도 저렇게 해야겠다'라고 생각하게 돼요."

"말로만 강조하는 것보다, 직접 보여주는 게 훨씬 강력한 메시지가 되겠네요."

"바로 그거예요. 마지막 네 번째 요소는 리더가 일관된 모델이 되어야 한다는 점입니다. 직원들은 리더가 지속적으로 보여주는 행동을 통해 '이게 조직에서 성공하는 방식이구나'라고 인식해요."

"단발적인 이벤트가 아니라, 리더가 일관된 모습을 유지할 때 직원들도 자연스럽게 영향을 받는다는 거죠?"

"정확해요. 솔선수범이 단기적인 퍼포먼스가 아니라 리더의 태도로 자리 잡을 때, 직원들도 '이건 리더만 하는 게 아니라, 우리도 실천해야 하는 문화구나'라고 받아들이게 됩니다."

"오늘 대화를 나누면서, 솔선수범도 그냥 행동하는 게 아니라 전략적으로 접근해야 한다는 걸 알게 됐어요. 신뢰가 바탕이 돼야 하고, 행동이 실제로 성과를 내야 하며, 직원들에게 동기부여가 되어야 하고, 일관성을 유지해야 한다는 거군요."

"훌륭한 정리예요. 이제 본인의 리더십 스타일에 맞게 솔선수범을 실천할 방법을 고민해 보면 좋을 것 같아요."

솔선수범은 행동을 넘어 팀과 조직의 변화를 이끄는 강력한 리더십 도구임을 다시금 깨달았습니다. 특히, 잘못된 방향의 솔선수범이 오히려 역효과를 낳을 수 있다는 점이 인상적이었습니다.

1. **신뢰 기반의 리더십:** 말보다 행동으로 신뢰를 쌓고, 투명한 의사소통을 실천하겠습니다.
2. **변화를 주도하는 리더십:** 업무 방식을 혁신하고, 팀이 더 효율적으로 일할 수 있도록 지원하겠습니다.
3. **능동적 문제 해결:** 팀원들의 어려움에 적극 개입하되, 스스로 해결할 수 있도록 돕겠습니다.
4. **현장 중심의 리더십:** 책상이 아닌 팀원들의 업무 환경에서 함께 고민하고 해결책을 찾겠습니다.
5. **사회적 가치를 고려한 리더십:** 조직의 성과뿐만 아니라 지속 가능한 성장과 윤리적 문화를 만들겠습니다.

이번 대화를 통해 리더십이란 겉으로 드러나는 태도가 아니라, 팀의 신뢰와 성장을 설계하는 과정임을 깊이 이해하게 되었습니다.

다니엘 드림

핵심
KEYWORD

솔선수범Leading by Example

조직 전체를 위한 대의적 관점에서 리더가 자발적으로 자신의 이익이

나 편의를 희생하며, 타인의 본보기가 되는 행동을 실천하는 것

솔선수범의 다섯 가지 핵심 행동

· 모범성

· 선도성

· 능동성

· 직접 실천성

· 사회적 영향성

솔선수범이 효과를 발휘하기 위한 네 가지 조건

1. 신뢰 구축

2. 리더의 솔선수범의 효과성

3. 리더의 솔선수범이 동기부여 제공

4. 리더의 일관성

4 신뢰:
리더십을 가속하는 엔진

신뢰는 공기와 같다. 보이지 않지만, 없으면 모든 것이 멈춘다. 신뢰가 자리 잡은 조직에서는 대화가 투명해지고, 협업이 원활해지며, 목표를 향한 에너지가 강력해진다. 반대로 신뢰가 흔들리면 관계는 경직되고, 조직은 정체되기 시작한다.

하지만 신뢰는 순간적인 감정이 아니다. 리더의 일관된 의지와 행동에서 비롯되며, 능력·성실성·호의성이라는 세 가지 요소를 기반으로 형성된다. 이 장에서는 신뢰가 조직의 성과와 문화를 어떻게 바꾸는지, 그리고 리더가 이를 쌓기 위해 실천해야 할 다섯 가지 핵심 행동을 소개한다. 신뢰는 막연한 개념이 아니라 전략적으로 구축해야 할 자산이며, 이를 제대로 실천한 리더만이 지속 가능한 성장을 이끌 수 있다.

01 신뢰,
리더의 필수 태도

"루이스, 솔선수범에 대해 이야기할 때, 신뢰가 리더십의 핵심이라는 점을 강조하셨잖아요. 그런데 가만히 보면, 솔선수범만큼이나 리더십에서 가장 많이 언급되는 단어가 '신뢰'인 것 같아요."

"맞아요. 신뢰는 리더십의 본질적인 요소예요. 관계를 단단하게 붙잡아주는 접착제 같은 존재죠. 하지만 현실에서는 신뢰가 단단하지 않은 경우가 더 많아요. 예를 들어, 한 글로벌 컨설팅 기관의 조사에 따르면 직원 중 40%가 CEO를 전혀 신뢰하지 않는다고 답했어요. 또 다른 조사에서는 직장인 4,000명 중 단 20%만이 '상사를 항상 신뢰한다'고 했죠.[19] 이 정도면 많은 리더들이 신뢰를 구축하기는커녕, 오히려 직원들과의 관계에서 '실례'를 범하고 있다고 해도 과언이 아니에요."

"직원들이 리더를 신뢰하지 않는 비율이 그렇게 높다니, 생각보다 심각한 문제네요. 신뢰가 리더십에서 중요한 건 알겠는데, 왜 이렇게 형성하기 어려운 걸까요?"

"좋은 질문이에요, 다니엘. 혹시 'trust'라는 단어의 어원을 알고 있

나요? 어떤 단어의 뿌리를 알면 본래의 의미를 더 깊이 이해할 수 있거든요. 'trust'는 독일어 'trost'에서 유래했어요.[20] '편안함'이라는 뜻을 갖고 있죠. 결국, 신뢰란 누군가를 믿음으로써 마음이 편안해지는 상태를 의미해요. 반대로 신뢰가 무너지면 불안이 커지고, 감시와 통제의 비용이 증가하죠. 신뢰를 사회적 자본의 핵심으로 본 정치철학자 프란시스 후쿠야마Francis Fukuyama도 신뢰가 부족한 사회는 발전할 수 없다고 강조했어요. 조직에서도 마찬가지죠. 신뢰가 부족한 조직은 성과와 분위기 모두 뒤처질 수밖에 없어요."

"인간은 본능적으로 신뢰하는 존재일까요, 아니면 의심하는 존재일까요?"

"음… 아마 의심하는 게 더 자연스러운 반응 아닐까요? 특히 불확실성이 크거나 내 이익이 걸려 있을 때는 더더욱 상대를 의심하게 되는 것 같아요."

"맞아요. 의심은 생존 본능이에요. 위험한 상황에서 쉽게 믿어버리면 생존 확률이 떨어지잖아요. 반면, 신뢰는 본능을 거스르는 의지에서 출발해요. 즉, 신뢰는 감정이 아니라 결단이에요. 심리학자 쿡Edwin W. Cook과 월Christopher A. Wall은 신뢰를 '다른 사람의 말과 행동에 선한 의도가 있다고 확신하려는 의지의 정도'라고 정의했고, 메이요George Elton Mayo와 연구진은 '상대를 직접 통제하거나 감시할 수 없을 때조차 믿으려는 의지'라고 설명했어요."[21]

"결국, 신뢰는 본능이 아니라 선택이라는 거네요. 불안하고 의심이 드는 순간에도 '믿겠다'고 결단하는 의지가 중요하다는 뜻이군요."

"정확해요. 하지만 현실에서는 신뢰보다 의심이 앞서는 경우가 많

죠. 혹시 다니엘도 신뢰와 관련해 인상 깊었던 경험이 있나요?"

"예전에 한 사업본부장과 함께 일할 때의 경험이 떠오르네요. 그분은 영업사원들과 함께 현장에 나가면서도 신뢰보다는 감시에 초점을 맞췄어요. 매일매일 직원들의 업무를 철저히 관리했고, 기존에 없던 새로운 지표를 만들어가며 통제하려 했어요. 일일 방문 고객 목표를 설정하고, 직원들이 방문했는지 확인하기 위해 명함을 제출받았죠. 심지어 중복 제출을 막겠다고 명함에 표시까지 해뒀어요. 처음에는 절차에 따른 업무 관리라고 생각했지만, 시간이 지나면서 점점 불쾌한 감정이 쌓였어요. 감시를 당하고 있다는 느낌이 강해졌거든요."

"결국 신뢰는 통제가 아니라 자율성과 책임감에서 비롯되는 것 같네요. 그 사업본부장이 직원들의 업무를 세세하게 관리하기보다, 왜 그런 지표가 필요한지 공감할 수 있도록 대화하고, 스스로 목표를 설정할 기회를 줬다면 어땠을까요?

리더가 감시보다는 신뢰를 기반으로 방향을 제시할 때, 직원들도 자발적으로 최선을 다하게 되는 법이니까요."

02 신뢰를 쌓는
심리적 메커니즘

"안타까운 경험이네요. 제 생각에는 그 관리자가 기본적으로 사람에 대한 신뢰경향성이 낮거나, 직장 생활에서 신뢰를 쌓을 기회가 부족했을 가능성이 커 보여요. 리더가 신뢰를 기반으로 팀원과 관계를 맺는 것은 선택의 문제가 아니라, 조직과 팀의 성과를 결정짓는 필수 요소입니다.

신뢰를 사회교환이론Social Exchange Theory으로 보면 좀 더 쉽게 이해할 수 있을 거예요.* 이 이론에 따르면 사람들은 서로 정보를 주고받고, 도움을 나누고, 감정적으로 지지하면서 관계를 형성해요. 그리고 이런 과정에서 내가 투자한 노력과 상대에게서 받은 보상이 균형을 이룰 때 자연스럽게 신뢰가 쌓이죠.

첫째, 신뢰는 미래 보상에 대한 기대에서 시작돼요. 당장은 보상이 없더라도, 리더가 약속을 지키고 보상을 제공할 거라는 믿음이 있으

---

*   사회교환이론은 조지 호먼스George C.Homans와 피터 블라우Peter Blau에 의해 발전되었다. 호먼스는 인간 행동을 경제적 원리로 설명하였으며, 블라우는 사회적 교환이 인간관계의 구조와 발전에 중요하다고 주장하였다.[22]

면 직원들은 더 적극적으로 헌신해요. 예를 들어, '이 리더라면 내 노력을 헛되이 하지 않을 거야'라는 믿음이 있으면 자연스럽게 몰입하게 되죠.

둘째, 신뢰는 예측할 수 없는 상황에서 느끼는 불안감을 줄여 줘요. 팀원들이 서로를 신뢰하면 불필요한 경계심이 사라지고, 협력도 훨씬 자연스러워져요.

셋째, 신뢰에는 '호혜성의 원칙'이 작용해요. 쉽게 말하면, '내가 베풀면 상대도 보답할 거야'라는 기대예요. 리더가 팀원들에게 관심과 지원을 아끼지 않으면, 팀원들도 자연스럽게 조직에 기여하려는 마음을 갖게 돼요.

넷째, 신뢰는 관계를 지속하게 만드는 힘이에요. 한번 신뢰가 쌓이면, 리더와 직원은 지속적으로 협력하고 싶은 마음이 생겨요. 결국, 신뢰는 감정적 유대를 넘어 조직을 원활하게 운영하는 기반이 됩니다.

마지막으로, 신뢰가 형성되면 단기적인 손해도 감수할 수 있어요. 직원들이 '지금은 힘들어도 장기적으로 보면 보상이 있을 거야'라고 생각하면, 조직의 비전에 더 몰입하게 되는 거죠."

"이제야 신뢰가 왜 중요한지 제대로 이해가 돼요. 처음 리더와 직원이 만나면 서로를 경계하면서 관찰하잖아요. '이 사람이 믿을 만한 사람인가, 아니면 조심해야 할 사람인가' 고민하면서요. 그런데 리더가 내 문제를 해결해 주거나 예상치 못한 배려를 해주면, '이 사람은 믿어도 되겠다'고 생각하게 되고, 저도 더 신뢰를 보내게 되는 것 같아요."

"맞아요. 이제 대리이론Agency Theory 관점에서도 신뢰를 한번 살펴볼까요? 대리이론은 리더와 직원 간의 위임 관계에서 발생하는 문제와 그 해결책을 설명하는 이론이에요. 만약 제가 다니엘을 신뢰하지 않는다면 어떤 문제가 생길까요?"

"음… 일단 제가 누군가에게 말을 옮기지 않을까 불안하고, 업무가 제대로 진행되지 않을까 걱정돼서 비밀스럽고 중요한 이야기는 잘 하지 않거나 중요한 업무는 맡기지 않겠죠."

"정확해요. 첫 번째 문제는 정보 비대칭이에요. 리더가 직원의 의도를 확신하지 못하면, 중요한 정보를 제한하거나 감추려는 경향이 생길 수 있어요. 반대로 신뢰가 있다면, '이 직원이 조직의 목표를 위해 행동할 거야'라고 믿고 더 많은 정보를 공유하게 되죠.

두 번째는 목표 불일치예요. 리더와 직원이 서로 다른 목표를 가지면 갈등이 생길 수밖에 없어요. 이걸 '대리 문제'라고 부르는데, 만약 제가 다니엘을 신뢰하지 않는다면 '이 사람이 조직보다 자기 이익을 더 중요하게 생각하면 어떡하지?'라는 의심이 들겠죠. 그러면 감시와 통제 비용이 늘어나고, 관계도 경직될 수밖에 없어요. 하지만 신뢰가 있으면, 불필요한 감시 없이도 직원들이 조직의 목표를 위해 움직인다고 믿을 수 있어요.

세 번째는 위험 감수예요. 리더는 직원에게 업무를 위임하면서 일정한 리스크를 감수해야 해요. 그런데 신뢰가 없으면 그 리스크가 훨씬 크게 느껴질 거예요. 반면, 신뢰가 있다면 '이 직원은 돈이나 보상때문이 아니라, 조직의 목표를 위해 최선을 다할 거야'라고 믿을 수있어요. 그러면 직원도 시키는 일만 하는 게 아니라, 더 주도적으로

움직이게 되죠.

마지막은 감시 비용 문제예요. 신뢰가 없는 조직에서는 리더가 직원들을 끊임없이 감시하려고 해요. 예전에 다니엘이 말했던 관리자가 직원들 활동을 하나하나 체크하던 것처럼요. 그런 환경에서는 직원들이 숨 막혀서 일하기 힘들어지고, 동기부여도 떨어질 수밖에 없죠. 반대로 신뢰가 있는 조직에서는 리더가 불필요한 감시를 줄이고 직원들에게 더 많은 자율성을 부여할 수 있어요. 그러면 직원들의 몰입도도 자연스럽게 높아지죠."

"결국, 신뢰가 없으면 리더도 직원도 서로를 의심하게 되고, 그게 조직 전체의 비효율로 이어지는 거네요. 반대로 신뢰가 있으면 서로 더 많은 정보를 공유하고, 불필요한 감시 없이도 목표를 위해 함께 움직일 수 있고요."

"맞아요. 신뢰는 조직이 굴러가는 원동력이에요. 리더와 직원이 함께 성과를 내고 싶다면, 신뢰부터 쌓아야 해요."

03 신뢰받는 리더가
되는 법

"이제 신뢰가 업무와 리더십에서 얼마나 중요한지 더 잘 이해했습니다. 결국 신뢰가 없으면 문제들이 생기고, 신뢰가 있으면 서로 효율적으로 협력할 수 있게 되는 거군요. 그렇다면 제가 팀원들과 신뢰를 구축하기 위해 무엇을 해야 할까요?"

"좋은 질문이에요. 막상 '신뢰를 형성하려면 무엇을 해야 하나요?'라고 관리자들에게 물어보면, 대부분 약속을 잘 지키는 것 외에는 잘 떠올리지 못하더군요. 하지만 리더가 직원과 신뢰를 구축하기 위해서는 세 가지 중요한 요소가 필요합니다.[22]

첫 번째는 능력ability입니다. 리더가 해당 분야에서 기술과 역량, 전문성을 갖추고, 문제를 해결할 수 있는 능력이 있을 때 직원들은 그 리더를 신뢰하게 됩니다. 능력 있는 리더는 직원들에게 자신감을 심어주고, 조직의 방향성을 명확히 제시할 수 있죠.

두 번째는 성실integrity입니다. 성실성은 정직하고 일관된 태도를 유지하고, 약속을 철저히 지키는 것을 의미합니다. 리더가 말과 행동이 일치하고, 공정하고 투명하게 행동할 때 직원들은 자연스럽게 신

뢰를 쌓게 됩니다.

특히, 미국의 한 대학교 연구팀이 홈페이지에 핵심 가치를 공개한 562개 기업을 분석한 결과, 65%의 기업이 성실성을 핵심 가치로 포함하고 있었습니다.[23] 이는 성실성이 비즈니스를 지속하는 중요한 사회적 자본이며, 신뢰 형성에서 핵심적인 역할을 한다는 점을 보여줍니다.

마지막은 호의성benevolence입니다. 리더가 친절하고 이타적인 태도를 가지고, 직원들의 성장과 복지를 진심으로 생각할 때 신뢰가 형성됩니다. 결과만을 강조하는 리더보다, 직원의 개인적인 필요와 성장을 함께 고려하는 리더가 더 깊은 신뢰를 얻을 수 있습니다."

"이 세 가지 조건은 리더십의 본질이라고 해도 과언이 아니네요. 능력, 성실성, 그리고 호의성을 갖춘 리더라면 직원들이 기꺼이 따를 수밖에 없을 것 같아요."

"그렇죠. 신뢰는 리더십의 본질이자, 직원들에게 기대하는 태도를 이끌어내는 가장 중요한 덕목입니다. 지금 얘기한 신뢰의 세 가지 조건을 구체적으로 실행하는 방법이 있습니다. 행동 일치, 성실성, 권한의 배분과 위임, 의사소통, 염려의 표시. 이 다섯 가지 행동을 실천하면 됩니다.

구체적인 내용을 체크리스트로 만들어 봤는데, 다니엘이 한번 읽어보면서 팀원들의 관점에서 자신을 점검해 보면 도움이 될 것 같네요."

"아직 팀원들과 많은 대화를 나눠보지 않았지만, 팀원 입장에서 저를 한번 돌아보겠습니다."

리더의 신뢰도 점검 리스트[24]

행동일치

- 팀원들은 나의 행동을 예측 가능하다고 생각한다.
- 팀원들은 나의 행동은 규칙성이 있다고 생각한다.
- 팀원들은 내가 같은 형태의 문제에 대하여 유사한 방식으로 대응한 다고 생각한다.

성실성

- 팀원들은 내가 항상 약속을 지킨다고 생각한다.
- 팀원들은 내가 그들을 솔직하게 대한다고 생각한다.
- 팀원들은 내가 항상 그들에게 진실을 말한다고 생각한다.

권한의 배분과 위임

- 팀원들은 내가 그들에게 직무를 수행하는 데 자율권을 부여한다고 생각한다.
- 팀원들은 내가 그들의 업무를 과도하게 통제하지 않는다고 생각한다.
- 팀원들은 내가 의사결정을 할 때 그들을 참여시킨다고 생각한다.

의사소통

- 팀원들은 내가 그들에게 나의 의견을 납득이 갈 만한 방법으로 주장 한다고 생각한다.
- 팀원들은 내가 나의 생각을 논리 정연하게 표현하다고 생각한다.

- 팀원들은 내가 나의 의사결정을 투명하게 설명한다고 생각한다.

염려의 표시

- 팀원들은 내가 그들의 웰빙을 적극적으로 추구한다고 생각한다.
- 팀원들은 내가 업무 수행에 있어 그들과의 입장 차이를 고려한다고 생각한다
- 팀원들은 내가 그들이 겪고 있는 문제에 대해 걱정한다고 생각한다.

"다니엘, 점검해 보니 어땠나요?"

"신뢰와 관련해 제 현재 수준을 돌아보면서, 팀원들과의 신뢰를 쌓기 위해 무엇을 해야 하는지 확실히 이해하게 되었어요. 제가 팀원들에게 '실례'가 아닌 '신뢰'를 주는 리더가 되도록 노력해야겠습니다."

"'실례'와 '신뢰.' 발음은 비슷하지만, 관계에 미치는 영향은 전혀 다르죠. 다니엘의 의지가 느껴지니 저도 기쁩니다. 오늘은 여기까지 이야기하고, 다시 만납시다."

신뢰가 리더십의 핵심이라는 걸 다시금 깨달았습니다. 신뢰는 순간의 약속이 아니라, 리더가 일관된 행동을 쌓아가며 만들어지는 것이고, 결국 리더가 어떤 사람인지에서 시작된다는 점이 인상적이었습니다.

특히 신뢰의 세 가지 요소인 능력, 성실함, 호의가 균형을 이루지 않으면 신뢰가 쉽게 흔들린다는 점이 와닿았습니다. 확신을 주려면 능력이 필요하고, 믿음을 얻으려면 성실함이, 오래 함께하려면 호의가 바탕이 되어야 한다는 것도요. 신뢰는 관계의 문제가 아니라, 조직이 원활하게 운영되기 위한 필수적인 요소임을 다시금 깨달았습니다.

1. **말보다 행동으로 신뢰를 쌓는 리더 되기:** 작은 약속도 가볍게 여기지 않고, 원칙을 지키며 일관된 태도를 유지하겠습니다.

2. **함께 성장하는 리더 되기:** 팀원들의 고민을 듣고, 성장할 수 있도록 돕는 것이 진짜 호의라는 점을 명심하겠습니다.

3. **결정의 이유를 설명할 수 있는 리더 되기:** 의사결정의 과정을 투명하게 공유하고, 신뢰할 수 있는 선택을 하겠습니다.

4. **팀원들에게 믿음을 주는 리더 되기:** '나는 너를 믿는다'는 말이 빈말이 되지 않도록, 실제로 맡기고 자율성을 보장하겠습니다.

이번 대화를 통해 신뢰가 조직의 기반이자 리더십의 핵심임을 다시금 깨달았습니다. 앞으로 이를 실천하며, 더욱 신뢰받는 리더로 성장해 나가겠습니다.

다니엘 드림

사회교환이론Social Exchange Theory

- 사람들 사이의 관계를 정보, 지원, 자원, 감정적 지지와 같은 것을 주
  고받는 과정으로 설명하는 이론
- 개인이 투입한 노력이나 비용과 상대로부터 받은 보상이 균형을 이
  룰 때 자연스럽게 신뢰 관계 형성

사회교환이론 관점에서 신뢰의 중요성

1. 미래 보상에 대한 믿음이 있을 때 상대에게 헌신
2. 예측할 수 없는 상대의 의도에 대한 불안감 감소
3. 호혜성의 원칙
4. 관계를 지속하게 만드는 동기 제공
5. 위험과 보상의 균형

신뢰의 세 가지 조건

능력ability, 성실성integrity, 호의성benevolence

신뢰 구축을 위한 다섯 가지 핵심 행동

1. 행동 일치

2. 성실성

3. 권한의 배분과 위임

4. 의사소통

5. 염려의 표시

5 자율성:
몰입과 성과를 끌어올리는 힘

많은 리더가 자율성이 조직을 무너뜨릴까 걱정하며 통제와 관리에 의존하지만, 연구는 정반대의 답을 제시한다. 자율성이 높은 조직에서는 업무 집중력이 64% 이상 향상되고, 이직률이 감소하며, 만족도가 증가한다. 자유는 혼란이 아니라 몰입과 성취의 촉매제다.

이 장에서는 자기결정 이론을 중심으로, 자율성이 어떻게 내면적 동기를 불러일으키고, 조직에서 성과를 극대화하는지 탐구한다. 자율성은 권한을 부여하는 것에 그치지 않고, 직원들이 스스로 성장하며 주도적으로 일할 수 있도록 기반을 조성하는 것이다. 리더는 관리자가 아닌, 동기를 이끌어내는 코치로서 역할을 해야 한다. 자율성이 어떻게 팀을 성장시키고, 조직을 변화시키는지 그 비밀을 풀어보자.

01 자유 vs. 자율, 균형의 기술

"신임 팀장 교육뿐만 아니라, 루이스도 직원들에게 자율성을 보장하는 것이 중요하다고 자주 이야기했어요. 그런데 팀장들 중에는 여전히 회의적인 시각을 가진 사람들이 있더라고요."

"어떤 이유 때문이라고 생각하나요?"

"직원들에게 자율성을 보장하면, 일부 리더들은 직원들이 자기들 마음대로 행동할까 봐 걱정하는 것 같아요. 근무 기강이 흐트러지고, 조직 관리가 더 어려워질 거라고 생각하는 거죠."

"그런 팀장들은 아마도 '자유'와 '자율'을 혼동하고 있는 것 같네요."

"자유와 자율이 다르다고요?"

"자유freedom는 외부 간섭 없이 원하는 대로 행동할 수 있는 상태를 의미해요. 선택의 기회를 강조하죠. 예를 들어, 자유롭게 휴가를 가거나 근무 시간을 조정할 수 있는 권리가 여기에 해당해요. 반면, 자율autonomy은 그 자유를 어떤 기준과 원칙에 따라 책임감 있게 사용할 수 있는 능력을 말해요. 제한이 없다는 것이 아니라, 스스로 결정하고 그 결과에 대한 책임을 지는 거죠. 프로젝트를 완수하기 위해

스스로 계획을 세우고 실행하는 것, 그게 바로 자율이에요."

"그러니까, 자유는 '무엇이든 할 수 있는 가능성'이고, 자율은 '그 자유를 책임감 있게 사용할 수 있는 능력'이라는 거군요."

"정확해요. 자유는 선택의 폭을 넓히지만, 자율이 없다면 방종으로 흐를 수 있어요. 반대로, 자유 없이 자율만 강조하면 사람들은 억압을 느끼게 되죠. 자유와 자율이 균형을 이루는 것이 중요합니다."

"그렇다면, 팀장들이 통제를 선호하는 건 과거의 리더십 스타일 때문일까요?"

"맞아요. 전통적인 관리 방식에서는 지시와 통제가 더 효과적이라고 믿었어요. 하지만, 직원들의 생각은 다릅니다. 한 컨설팅 기관의 연구에 따르면, 10,000명 이상의 참가자 중 93%가 자신의 업무 일정을 스스로 통제하고 싶다고 응답했어요."[25]

"95%요? 그렇게까지 높은 줄 몰랐어요."

"현실은 기대와 다르죠. 한 대학 연구에 따르면, 40~50%의 직원이 근무 시간과 업무 진행 방식에서 낮은 수준의 자율성을 경험한다고 답했어요. 조직은 직원들의 자율성을 보장해야 한다고 말하면서도, 실제로는 그렇지 못한 경우가 많다는 거예요."[26]

"그런 간극이 존재한다면, 조직이 변화해야 한다는 신호겠네요."

"정확해요. 직원들의 동기부여를 높이기 위해, 리더십은 통제 중심에서 자율 중심으로 바뀌어야 합니다."

"앞으로 팀원들의 자율성을 어떻게 높일 수 있을지 고민해 봐야겠어요."

"다니엘이 자율적인 팀 문화를 잘 구축한다면, 조직 운영에서도

실질적인 이점을 누리게 될 겁니다. 연구에 따르면, 직무 자율성이 높은 직원들은 생산성이 평균 40% 더 높고, 업무 집중 능력도 64% 더 뛰어나다고 해요. 또한, 자율성이 높은 환경에서는 직원들의 일과 삶의 균형이 개선되고, 이직률도 감소합니다."[27]

"조직에 대한 충성도도 영향을 받을까요?"

"그럼요. 조사에 따르면, 직원의 80%가 유연한 근무 조건을 제공하는 회사에 대해 더 높은 충성심을 보인다고 해요. 이는 자율성을 바탕으로 한 조직문화가 직원들의 웰빙을 증진하고, 장기적인 관계를 형성하는 데 중요한 역할을 한다는 의미죠."[28]

"결국 자율성은 단순히 조직 운영의 방식이 아니라, 직원들의 몰입과 성과를 결정짓는 중요한 요소군요."

"맞아요. 자율성이 높은 조직일수록 직원들은 그저 지시를 따르는 사람이 아니라, 스스로 일의 의미를 찾고 창의적으로 해결하는 주체가 됩니다. 자유를 주되, 그 자유를 책임감 있게 활용할 수 있도록 환경을 설계하는 것. 그게 바로 리더의 역할이죠."

02 자율성이
동기를 높이는 이유

"자율성에 대해 좀 더 깊이 이야기해 보자면, 디시Edward L. Deci와 라이언Richard M. Ryan의 자기결정 이론Self-Determination Theory, SDT 을 빼놓을 수 없어요. 이 이론은 인간이 본능적으로 성장하고 행복을 추구하는 존재라고 설명합니다. 사람들은 단순히 외부에서 주어진 규칙을 따르는 것이 아니라, 그것을 자신의 방식으로 받아들이고 자연스럽게 적용하려는 경향이 있죠."[29]

"결국 조직에서 리더와 문화는 직원들이 스스로 선택하고 결정할 수 있는 환경을 조성하는 것이 중요하다는 말이네요. 리더가 신뢰를 기반으로 불필요한 간섭을 줄이고, 필요한 지원을 제공하면 직원들은 동기를 얻고 더 잘 성장할 수 있을 것 같아요. 반면, 규칙이 지나치게 엄격하거나 직원들의 의견이 존중되지 않는 환경에서는 오히려 방어적인 태도를 보이며 소극적으로 변할 가능성이 크겠네요."

"맞아요. 결국 자율성을 줄 수 있는 조직문화와 리더의 역할이 조직의 성장과 변화를 이끄는 핵심이에요."

"결국 직원들에게 자율성을 기대한다면, 리더가 그것을 촉진할 수

있는 리더십을 발휘하고 환경을 만들어야 한다는 이야기군요. 신입사원 시절, 자율성과 관련된 잊을 수 없는 경험이 떠오르네요."

"어떤 경험인가요?"

"영업본부에 배치된 지 얼마 되지 않았을 때였어요. 팀장님이 저를 부르시더니, 영업사원의 개인 업무 적성이 성과에 어떤 영향을 미치는지 조사해달라고 하셨어요. 2주일 동안 시간을 줄 테니 결과물을 만들어보라는 지시였죠. 그런데 더 놀라운 건 그 방식이었어요. '출퇴근 시간만 지키면 되고, 진행 방식은 전적으로 알아서 결정해도 좋다'고 하시더라고요."

"당시 조직문화에서는 기대하기 어려운 파격적인 제안이었겠네요."

"네, 그래서 더욱 신이 났어요. 곰곰이 생각해 보니, 두 가지 이유 때문이었던 것 같아요. 첫째, 팀장님이 '이 일을 맡길 적임자가 없었는데, 당신이라면 잘 해낼 것 같다'고 말씀하셨을 때, 입사한 지 얼마 되지 않은 저를 진심으로 인정해주신다는 느낌을 받았어요. 둘째, 진행 방식을 제 자율에 맡기겠다고 하셨을 때, 팀장님이 저를 신뢰하고 계신다는 확신이 들었어요. 그 두 가지가 제 안에서 동력을 만들어냈고, 저는 일에 깊이 몰입할 수 있었어요."

"팀장이 신입이었던 다니엘을 아주 잘 봤나 보네요. 다니엘이 지금 이야기하는 모습을 보니, 그때 얼마나 열정적으로 임했는지 눈에 선하네요. 하지만 그런 몰입이 가능했던 이유는 다니엘이 그 업무를 수행할 역량과 태도를 이미 갖추고 있었기 때문이기도 해요."

"듣고 보니 그렇네요. 신입사원이었지만, 팀장님이 저를 믿어 주셨

기 때문에 더욱 책임감 있게 일했던 것 같아요."

"리더들이 직원들의 내재적 동기부여에 관심을 가져야 하는 이유가 바로 여기에 있어요. 인간의 동기는 내적 동기와 외적 동기로 나뉘죠. 내적 동기는 즐거움과 성취감을 통해 행동하는 것이고, 외적 동기는 보상이나 인정, 혹은 처벌을 피하기 위해 행동하는 것을 말합니다. 자기결정 이론은 내적 동기에 기반을 두고 있어요. 자율성만이 아니라, 유능성Competence과 관계성Relatedness이 함께 충족될 때 사람들이 성장하고, 높은 성과를 낼 수 있다고 가정하죠.

유능성의 욕구는 자신의 행동을 통해 능력을 발휘하고, 성공적으로 과제를 수행할 수 있다는 자신감을 느낄 때 동기부여가 된다는 것과 관련이 있어요. 직원들이 유능감을 경험하려면 적절한 도전 과제가 필요해요. 업무가 지나치게 쉽거나 반대로 너무 어려우면 동기가 떨어지죠. 하지만 적절한 도전 과제가 주어지고, 목표를 달성할 때마다 성과를 인정받으면 유능감과 성취감을 경험할 수 있어요. 다니엘도 신입 시절, 영업본부에서 맡았던 업무에 몰입할 수 있었던 이유가 바로 여기에 있었던 거죠."

"그러고 보니, 지원팀장님이 동기부여를 정말 잘하셨던 것 같아요."

"좋은 리더를 만난 경험이 결국 다니엘이 지금 이 자리까지 오게 된 계기가 된 셈이죠. 이제 마지막으로 관계성의 욕구에 대해 이야기해 볼까요? 인간은 본능적으로 타인과 연결되고 싶어 합니다. 인정받고, 소속감을 느낄 때 더 열심히 일할 힘이 생기죠. 특히 리더가 정기적으로 원온원을 하면서 직원들의 이야기를 들어주고, 그들이 성장할 수 있도록 피드백을 주는 것만으로도 직원들은 팀과 리더에 대

한 신뢰를 더 크게 느낄 거예요. 결국, 이런 연결이 동기를 더 키우는 원동력이 되죠."

"자기결정 이론을 들으면서, 예전에 배웠던 업무 몰입work enga-gement의 개념이 떠올랐어요. 업무 몰입을 위해 필요한 세 가지 요소인 심리적 안전감, 의미성, 가용성과 자기결정 이론에서 말하는 자율성, 유능성, 관계성이 상당히 유사한 것 같네요."

"그렇게 연결해서 생각하는 걸 보니, 다니엘이 리더십의 본질과 작동 원리를 점점 더 깊이 이해하고 있다는 증거네요."

"과찬이십니다. 하지만 오늘도 정말 많은 걸 배웠어요. 단순히 자율성을 보장하는 것이 아니라, 그 안에서 직원들이 성장할 수 있는 환경을 만들어주는 것이 리더의 역할이라는 점을 다시 한번 깨닫게 됐습니다."

자율성이 단순한 자유가 아니라, 스스로 선택하고 책임지는 힘이라는 걸 다시금 깨달았습니다. 구속받지 않는 상태가 아니라, 자신이 결정한 길을 걸어가겠다는 의지에서 비롯된다는 점이 인상적이었어요.

특히 자기결정 이론에서 말하는 자율성, 유능성, 관계성이 서로 맞물려 사람들의 내면을 움직인다는 걸 배우면서, 리더는 방향을 강요하는 사람이 아니라 팀원들이 스스로 동기를 찾을 수 있도록 환경을 조성하는 역할을 해야 한다는 걸 실감했습니다. 이번 대화를 통해 다짐한 것들을 정리해 보았습니다.

1. **명확한 방향, 자율적인 과정**: 목표는 분명히 제시하되, 그 과정은 팀원들이 주도적으로 결정할 수 있도록 하겠습니다. 필요할 때 돛을 조정하되, 불필요한 개입은 줄이겠습니다.

2. **유능감을 키우는 도전 기회 제공**: 적절한 도전이 성장의 기회가 된다고 믿습니다. 팀원들이 스스로 해결하며 성취감을 느낄 수 있도록 도전적인 과제를 부여하고, 성장을 인정하며 피드백을 아끼지 않겠습니다.

3. **신뢰와 연결감을 높이는 리더십**: 리더십은 멀리서 지시하는 것이 아니라, 가까이에서 함께 걸어가는 것이라 생각합니다. 원온원과 팀워크를 통해 팀원들의 고민과 의견을 더 깊이 듣고 신뢰를 쌓겠습니다.

4. 스스로 동기를 찾을 수 있는 환경 조성: 강요된 목표보다 스스로 선택한 목표가 더 큰 에너지를 만들어 낸다는 점을 잊지 않겠습니다. 불필요한 통제를 줄이고, 팀원들이 자율성을 최대한 발휘할 수 있도록 돕겠습니다.

자율성은 무제한으로 주어진 자유가 아니라 스스로 선택한 방향으로 나아갈 수 있도록 돕는 힘이라는 걸 배운 시간이었습니다. 실천하며 배운 것들을 더 깊이 익혀가겠습니다.

다니엘 드림

자유 vs. 자율

구분	자유Freedom	자율Autonomy
초점	외부적 간섭의 부재	내부적 기준에 따른 책임 있는 선택
의미	제한 없이 행동할 권리	스스로 설정한 기준에 따라 행동하는 능력
책임감	상대적으로 낮음	높은 수준의 자기책임
성숙도	선택의 다양성을 제공	선택의 결과를 고려하며 행동
예시	하고 싶은대로 아무거나 할 수 있음	하고 싶은 것 중에서 책임 있게 행동

자기결정 이론Self-Determination Theory, SDT

인간의 동기를 이해하는 심리학 이론으로, 자율성Autonomy, 유능감
Competence, 관계성Relatedness의 세 가지 기본 심리적 욕구가 충족될
때 개인의 내재적 동기가 강화된다.

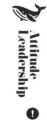

6 　동기부여를 리셋하다:
　조절초점 이론

　　같은 보상을 받아도 어떤 직원은 열정적으로 반응하고, 어떤 직원은 무덤덤하다. 왜 이런 차이가 생길까? 답은 조절초점 이론Regulatory Focus Theory에 있다. 사람은 목표를 추구할 때 두 가지 방식으로 움직인다. 하나는 성취와 기회를 좇는 촉진초점, 다른 하나는 안정과 책임을 중시하는 예방초점이다. 쉽게 말해, 어떤 사람은 도전과 성장을 원하고, 어떤 사람은 실수를 피하고 안전을 지키는 데 집중한다. 리더가 이를 이해하면 팀원들과 더욱 효과적으로 소통하면서도 그들의 성과를 이끌어낼 수 있다.[30]

　　이 차이는 동기부여 방식에도 큰 영향을 미친다. 리더라면 모든 직원이 같은 방식으로 동기부여되지 않는다는 사실을 이해해야 한다. 중요한 것은 팀원의 성향을 파악하고, 그에 맞춰 목표를 설정하고 피드백을 주는 것이다. 이 장에서는 촉진초점과 예방초점의 차이, 직원 개개인의 조절초점을 어떻게 파악할지, 그리고 그에 맞는 동기부여 전략을 구체적으로 살펴본다. 조절초점이론을 제대로 활용하면, 더 효과적으로 팀원들의 동기를 끌어낼 수 있다.

01 사람들은 서로 다른 방식으로 동기부여된다

"다니엘, 지난번에 이야기했던 자기결정 이론을 실제로 팀 운영에 적용해봤나요?"

"네! 작은 부분이지만 몇 가지 시도해봤어요. 예를 들면, 팀 회식 날짜를 정할 때 제가 가능한 일정 몇 개와 예산 범위를 공유하고, 팀원들이 협의해서 결정하도록 했어요. 또, 기획 업무를 하던 팀원이 다양한 직무를 경험하고 싶다면서 영업부서로의 이동을 요청했는데, 고민 끝에 받아들이기로 했습니다. 사실 그 팀원이 워낙 뛰어난 역량을 갖추고 있어서 보내기가 아쉬웠지만, 장기적으로 봤을 때 그에게 더 좋은 기회가 될 거라고 판단했어요."

"어려운 결정이었겠네요. 하지만 그 팀원은 다니엘이 자신의 선택을 존중하고 지지해줬다는 점에서 큰 동기부여를 받았을 거예요. 동시에, 다니엘을 통해 좋은 리더십이 무엇인지 배우는 계기도 됐을 거고요."

"그렇게 봐주신다니 감사해요. 그런데 루이스, 이번에는 보상과 칭찬에 대한 현실적인 고민을 나누고 싶어요. 영업 조직에 있을 때 팀장님이 실적 향상을 위해 특정 상품의 판매 실적을 기준으로 시상과

인센티브 제도를 운영한 적이 있었어요. 그런데 이상하게도 늘 같은 팀원들만 관심을 보이고 혜택을 받아 갔어요. 반면 몇몇 팀원은 전혀 신경 쓰지 않더라고요. 왜 이런 차이가 생기는 걸까요?"

"이유는 여러 가지가 있을 수 있어요. 첫째, 보상과 인센티브가 본인에게 의미가 없다고 느끼는 경우죠. 둘째, 목표를 달성할 수 있을 거라는 기대 자체가 낮아서 적극적으로 참여하지 않는 경우도 있어요. 그리고 또 하나 중요한 이유가 있어요. 바로 '동기부여에 대한 오해'죠."

"동기부여에 대한 오해가 뭘까요?"

"그 이야기를 하기 전에, 먼저 이 간단한 진단지를 작성해보는 게 좋겠어요. 목표를 달성하는 과정에서 보이는 다니엘의 업무 태도와 행동과 관련된 질문들이에요. 각 항목을 읽고 본인의 의견과 가장 가까운 문항에 체크해보세요. 체크가 끝나면 1~9번과 10~18번 문항의 점수를 각각 합산해서 비교해보면 됩니다."[31]

직무 태도 및 동기부여 진단

	진단 문항	전혀 그렇지 않다	그렇지 않다	보통 이다	그렇다	매우 그렇다
1	나는 나의 직무를 완수하기 위해 나에게 주어진 과업을 정확하게 수행하는 데 초점을 둔다.	1	2	3	4	5
2	나는 일할 때 나에게 주어진 책임을 완수하는 데 초점을 둔다.	1	2	3	4	5
3	나에게는 나의 업무상 책무를 수행하는 것이 매우 중요하다.	1	2	3	4	5

4	나는 업무 수행 시, 다른 사람이 나에게 부여해준 책임과 의무를 다하기 위해 노력한다.	1	2	3	4	5
5	일할 때, 나는 직무 안전성 욕구를 보장해 줄 수 있는 업무 달성에 초점을 둔다.	1	2	3	4	5
6	업무 수행 시 나는 과실(손실)을 방지하기 위해 내가 할 수 있는 모든 것을 한다.	1	2	3	4	5
7	구직할 때 직업 안정성은 나에게 중요한 요소이다.	1	2	3	4	5
8	업무 수행 시, 나는 실패를 피하는 것에 집중한다.	1	2	3	4	5
9	업무 수행 시, 나는 잠재적 과실(손실)에 나 자신이 노출되지 않도록 매우 주의한다.	1	2	3	4	5
10	나는 일할 때 발전적인 나의 목표를 극대화하기 위해 모든 기회를 이용한다.	1	2	3	4	5
11	나는 성공을 이루기 위해 직장에서 위험을 감수하는 경향이 있다.	1	2	3	4	5
12	만약 내가 위험부담이 있지만 보상을 충분히 해주는 프로젝트에 참여할 수 있다면 나는 기꺼이 참여하려고 할 것이다.	1	2	3	4	5
13	직무상 더 발전할 수 있는 기회를 가질 수 있다면 나는 새로운 직업을 찾으려고 할 것이다.	1	2	3	4	5
14	나는 구직을 할 때 성장 기회를 중요한 요소로 생각한다.	1	2	3	4	5
15	나는 나를 더 발전시킬 수 있는 직무상 과업을 완수하는 데 더 초점을 둔다.	1	2	3	4	5
16	나는 내가 열망하는 바를 달성하는 방법들을 찾아내는 데 많은 시간을 할애한다.	1	2	3	4	5
17	나는 내가 열망하는 구체적인 방향에 의해 나의 업무 우선순위가 결정된다.	1	2	3	4	5
18	나는 일을 할 때 나의 바램과 열망에 의해 동기가 부여된다.	1	2	3	4	5

"다니엘, 진단 결과는 어땠어요? 어느 쪽 점수가 더 높았나요?"

"1번부터 9번까지의 합이 훨씬 높았어요."

"예상했던 대로네요. 이 결과가 의미하는 바는 잠시 후에 이야기해 줄게요. 많은 리더들이 모든 직원이 보상과 성취에 똑같이 동기부여될 거라고 생각하는데, 사실 그렇지 않아요. 사람마다 목표를 추구하는 방식이 다르거든요. 동기를 조절하는 관점 자체가 다르다는 거죠. 하나는 촉진초점Promotion Focus, 그리고 다른 하나는 예방초점Prevention Focus이에요. 다니엘의 진단 결과를 보면 촉진초점 성향이 강한 편이네요.

촉진초점은 성취와 진전을 목표로 하는 동기 방식이에요. 촉진초점이 강한 직원들은 이상적인 목표를 이루는 데 집중하고, 기회와 성장을 추구하죠. 보통 '이 기회를 통해 성장하고 성공할 수 있어!' 같은 생각을 하면서 긍정적인 결과에 초점을 맞춰요. 목표를 이루는 과정에서 위험을 감수하는 것도 마다하지 않고요. 그리고 어떤 행동이 왜 바람직한지 알고 싶어 해요.

반대로 예방초점은 위험과 손실을 최소화하고, 부정적인 결과를 피하는 데 초점을 둔 동기 성향이에요. '이 일을 잘못하면 문제가 생길 수도 있으니 조심해야겠어' 같은 생각을 하죠. 현재 상태를 유지하려는 경향이 있고, 의무와 책임을 완수하는 데 중점을 둡니다."

"그럼 촉진초점이 강한 팀원들은 더 도전적이고 이익을 추구하는 반면, 예방초점이 강한 팀원들은 쉽게 말해 욕 안 먹고 손해 보지 않는 쪽을 더 신경 쓴다는 말씀이신가요?"

"정확해요. 예방초점이 강한 직원들은 시상이나 인센티브에 별다

른 관심이 없을 가능성이 높아요. 그들에게 중요한 건 주어진 일을 안정적으로 수행하는 거지, 인센티브를 받겠다고 위험을 감수하면서까지 애쓸 필요가 없다고 생각할 수도 있죠."

"결국 관리자가 직원들의 동기 요인이 다 같다고 착각하고, 각자가 어떤 자아를 추구하는지 모른 채 일괄적인 보상 방식을 적용하는 게 문제였네요. 그렇다면 동기의 초점이 다른 직원들은 각자 어떤 방식으로 동기부여하는 게 효과적일까요? 쉽지는 않을 것 같은데요."

02 개인의 성향과 욕구에 맞춘 동기부여 전략

"조절초점 이론을 팀에 효과적으로 적용하려면 어떻게 해야 할까요? 중요한 건 팀원들의 동기와 목표 설정 방식을 이해하고, 거기에 맞춰 리더십을 발휘하는 거예요. 그렇게 하면 동기부여 효과를 극대화할 수 있고, 팀의 성과도 자연스럽게 따라오죠. 방법은 여섯 가지 정도로 정리할 수 있어요.

첫째, 팀원들이 촉진초점인지 예방초점인지부터 파악해야 합니다. 대화를 나누거나 평소 업무 스타일을 살펴보면 감이 올 거예요. 어떤 팀원은 새로운 프로젝트에 눈을 반짝이며 도전하려 하고, 어떤 팀원은 주어진 일을 묵묵히 해내면서 실수를 피하려 하죠. 이 차이를 읽어내는 게 시작입니다.

둘째 맞춤형 목표 설정이 필요합니다. 촉진초점이 강한 팀원이라면 도전적인 목표를 던져주세요. '이 프로젝트로 성장할 기회야!' 같은 메시지가 통할 겁니다. 창의적 아이디어를 내도록 유도하는 것도 좋아요. 반면, 예방초점이 강한 팀원이라면 명확한 가이드라인과 구조를 제공해야 합니다. 안정성을 보장해주고, '이 방법대로 하면 실

수를 줄일 수 있어'라고 안내하는 게 효과적이죠.

셋째, 커뮤니케이션 방식을 조절초점에 맞춰 조정하는 거예요. 촉진초점 팀원에게는 목표 달성 후의 긍정적인 결과를 강조해야 합니다. '이 프로젝트를 성공하면 큰 성과를 낼 수 있어' 같은 식으로요. 반면, 예방초점 팀원에게는 실수를 줄이고 위험을 피하는 방향으로 이야기를 풀어야 해요. '이 방법대로 하면 문제를 예방할 수 있어'라는 식으로 접근하면 훨씬 효과적이죠.

넷째, 보상과 인센티브 체계를 차별화하는 것도 중요합니다. 촉진초점이 강한 팀원들은 성취와 연계된 보상, 이를테면 보너스나 승진, 중요한 프로젝트 리더 역할 같은 것이 동기부여가 됩니다. 반면 예방초점이 강한 팀원들은 안정성과 신뢰성을 보장받는 데서 동기를 얻어요. 예를 들어, 장기적인 혜택이나 안정적인 근무 환경이 이들에게는 더 매력적인 보상이 될 수 있죠.

다섯째, 팀 구성과 역할 배분을 할 때도 조절초점을 고려해야 합니다. 촉진초점 팀원은 창의적이고 혁신적인 과제에 강합니다. 새로운 프로젝트를 맡기거나 도전적인 업무를 배정하면 빛을 발할 거예요. 반대로 예방초점 팀원은 구조적이고 세심한 업무에서 강점을 보이죠. 중요한 디테일을 체크하는 역할이나 안정적인 운영을 담당하도록 하면 훨씬 좋은 결과를 낼 수 있어요.

마지막으로, 피드백을 줄 때도 조절초점을 반영해야 합니다. 촉진초점이 강한 팀원에게는 앞으로의 기회와 성장을 강조하는 피드백이 필요해요. '이만큼 성장했으니 다음엔 더 큰 도전을 해보자!'라고 하면 동기부여가 될 겁니다. 반면, 예방초점이 강한 팀원에게는 실수를

줄이는 방법과 안정성을 유지하는 피드백이 효과적이에요. '이 방식을 유지하면 안정적으로 좋은 결과를 낼 수 있을 거야'라고 말해주면 신뢰감을 가질 수 있죠.

이렇게 조절초점이론을 활용하면, 일괄적인 동기부여 방식이 아니라 팀원 개개인에게 맞춘 리더십을 발휘할 수 있어요. 각자의 동기를 존중하고 활용하면 팀원들도 목표를 더 효과적으로 달성할 수 있고, 결국 팀 전체의 성과와 만족도가 올라가는 결과로 이어질 겁니다."

"루이스 말씀을 들으니 팀원들의 성향과 욕구를 제대로 이해하는 게 정말 중요하다는 걸 다시 한번 느끼게 되네요. 생각해 보면, 사람들은 저마다 다른데 정작 그런 부분을 깊이 고민해 본 적이 없었던 것 같습니다. 앞으로는 좀 더 세심하게 관심을 기울이도록 노력해야겠어요."

"다니엘 팀원이 여덟 명이었죠? 오늘 세션이 끝나면 한번 팀원별 조절초점을 파악해 보고, 각자에게 맞는 동기부여 전략을 고민해 보면 어떨까요? 직원 구성이 점점 더 다양해지는 만큼, 리더십도 훨씬 더 구체적이고 섬세해질 필요가 있어요. 물론 완벽하게 해야 한다고 부담 가질 필요는 없어요. 그냥 '사람을 이해하는 과정'이라고 생각하면 훨씬 편할 거예요."

"솔직히 말씀드리면, 조절초점별로 팀원을 나누고 각기 다른 방식으로 동기부여한다는 게 말은 좋은데 막상 하려니 머리가 좀 복잡해지긴 하네요. 그래도 '사람을 이해하고 학습하는 과정'이라고 생각하라는 말씀이 마음을 한결 가볍게 만듭니다. 좋은 리더가 된다는 건 역시 쉽지 않은 일이군요."

"처음엔 어렵겠지만, 이렇게 한 사람, 한 사람 이해하려고 노력하다 보면 어느 순간 자연스럽게 리더십을 발휘하는 자신을 발견할 거예요. 노력한 만큼 분명 달라질 겁니다. 오늘 정말 수고 많았어요."

팀원들의 동기부여 방식이 얼마나 다를 수 있는지 깊이 깨닫게 되었습니다. 특히 조절초점 이론을 통해 촉진초점과 예방초점이 각각 어떻게 동기를 형성하고 행동을 결정하는지 배우면서, 제 리더십이 다소 일률적이었을 수 있다는 점을 돌아보게 되었습니다.

가장 큰 배움은 팀원들의 목표와 동기부여 방식을 이해하는 것이 리더십의 출발점이라는 점이었습니다. 앞으로는 촉진초점 성향의 팀원들에게는 성장과 성취의 기회를, 예방초점 성향의 팀원들에게는 안정성과 명확한 목표를 제공하며, 각자의 방식으로 동기를 찾을 수 있도록 돕겠습니다.

또한 보상 체계와 피드백 방식에도 조절초점의 원리를 적용하려 합니다. 성과와 도전을 중시하는 팀원에게는 새로운 기회를 강조하고, 안정과 신뢰를 중요시하는 팀원에게는 예측 가능한 환경과 체계를 마련하겠습니다.

결국, 리더십은 사람을 이해하는 데서 시작된다는 것을 다시금 깨달았습니다. 팀원들에게 진심으로 관심을 갖고, 그들이 스스로 성장할 수 있는 환경을 조성하는 리더가 되겠습니다.

다니엘 드림

조절초점 이론Regulatory Focus Theory

사람들은 목표를 추구할 때 사용하는 두 가지 서로 다른 동기 조절 방식을 사용

- 촉진초점promotion focus: 성장, 성취, 이상적인 상태가 목표
- 예방초점prevention focus: 안정, 책임, 의무가 목표

조절초점 이론에 따른 동기부여 전략

구분	촉진초점	예방초점
목표 설정 방식	도전적인 목표를 제시하며 성장 가능성을 강조	안정적이고 명확한 지침과 구조를 제공
동기부여 전략	새로운 기회와 성취를 중점적으로 언급	위험 요소 관리와 실수 방지를 강조
커뮤니케이션 방식	긍정적인 결과와 성공 사례를 강조	실수를 피하고 안전하게 일할 수 있는 방안을 강조
보상 체계	성취와 연계된 보상(보너스, 승진, 프로젝트 리더 역할 등)	안정성과 신뢰성을 기반으로 한 보상(장기적 혜택, 안정된 환경 등)
역할 배정	창의적이고 도전적인 과제 배정	세부적이고 구조적인 업무 배정
피드백 제공	긍정적인 발전과 향후 기회에 대한 피드백	실수 방지와 안정성 유지를 위한 구체적인 피드백
업무 스타일 지원	혁신적 아이디어와 창의적 솔루션을 찾는 역할 부여	규정 준수와 세심한 계획 수립 및 검토 지원
중점 가치	성장, 진전, 긍정적인 결과 추구	안정성, 책임 완수, 부정적인 결과 회피

7 감정의 힘:
성과를 키우는 자원

직원들의 긍정적인 감정은 순간적인 기분 향상이 아니다. 이는 조직의 성과와 개인의 성장을 촉진하는 강력한 동력으로 작용한다. 그러나 많은 리더들이 긍정적인 감정이 팀원들의 역량을 확장하고 성과를 구축하는 과정을 깊이 이해하지 못한 채 간과하기 쉽다.

이 장에서는 '확장구축 이론'을 중심으로, 긍정적인 감정이 직원과 팀 전체에 미치는 영향을 탐구한다. 이 이론에 따르면, 긍정적인 감정은 창의성과 사회적 유대감을 확장시키고, 장기적으로 개인의 회복력과 협력 관계를 강화하는 역할을 한다.

이를 바탕으로 인지적, 사회적, 심리적 측면에서 긍정적인 감정이 어떻게 팀원들의 능력을 확장하는지, 그리고 리더가 이를 조직문화에 스며들게 하는 전략과 실천적 도구를 제시한다. 또한, 긍정적인 감정이 업무 만족을 뛰어넘어 조직의 성과와 지속 가능성을 높이는 핵심 요소임을 이해하고, 신뢰와 협력을 강화하는 구체적인 방법을 다룰 것이다.

긍정적인 감정이 자원이 된다:
확장구축 이론

"루이스, 직원들이 긍정적인 감정을 느끼도록 리더십을 발휘하거나 커뮤니케이션해야 한다는 말을 많이 듣는데, 그게 왜 중요한지, 또 그 과정이 어떻게 직원들에게 좋은 영향을 미치는지 궁금합니다."

"리더십에 대해 이렇게 깊이 탐구하려는 모습에서 리더십을 실천하고자 하는 진심 어린 의지가 느껴집니다. 다니엘의 질문은 마치 누군가가 '이 음식이 건강에 좋아요'라고 말했을 때, '왜 그 음식이 건강에 좋은지, 구체적으로 어떤 영향을 미치는지 알고 싶습니다'라고 묻는 것과 비슷해요. 결과만 받아들이는 것이 아니라, 그 원리와 과정을 이해하려는 태도가 바람직하다고 생각합니다.

긍정적인 감정이 우리에게 어떤 영향을 미치는지를 설명하는 이론이 바로 바바라 프레드릭슨Barbara L. Fredrickson이 제시한 확장구축이론Broaden and Build Theory입니다. 프레드릭슨은 긍정적인 감정이 단기적으로는 즐거움과 쾌락을 선사하지만, 장기적으로는 개인의 웰빙과 성장에 큰 도움을 준다고 설명합니다.[32] 이 이론은 긍정적인 감

정이 우리의 인지적, 사회적, 심리적 자원을 확장시켜, 더 나은 성과와 지속 가능한 발전을 이끌어 낸다고 설명합니다. 그 결과, 긍정적인 감정은 우리가 겪는 어려움을 극복하고, 더 협력적이고 창의적인 팀을 만드는 중요한 요소로 작용합니다."

"확장구축 이론이라는 말이 꽤 흥미롭네요."

"'확장구축'이라는 용어는 두 개의 단어, '확장'과 '구축'의 결합입니다. 여기서 확장Broaden Effect은 긍정적인 감정이 우리의 사고와 행동의 범위를 넓히는 역할을 한다는 의미예요. 예를 들어, 기쁨, 흥미, 사랑, 감사와 같은 감정들은 우리의 생각을 더 창의적이고 유연하게 만들고, 사람들과 더 잘 어울리게 합니다. 또한, 마음의 안정과 긍정적인 태도를 유지하는 데 큰 도움이 되죠."

"그러니까 긍정적인 감정이 기분을 좋게 만드는 것뿐만 아니라, 우리의 생각이나 관계를 더 유연하고 풍부하게 만들어준다는 거죠? 그런 부분이 구체적으로 어떻게 확인되었는지 궁금하네요."

"그와 관련된 프레드릭슨의 실험 연구는 매우 흥미로워요. 연구진은 참가자들에게 다양한 감정을 유발하는 짧은 비디오 클립을 보여주고, 창의성과 같은 인지적 확장성을 평가하는 테스트를 진행했어요. 예를 들어, 긍정적인 감정을 유발하기 위해 펭귄들이 헤엄치고 점프하는 모습, 따뜻하고 화창한 들판과 시냇물, 산 풍경을 보여줬어요. 반면, 젊은 남성들이 행인들을 조롱하고 모욕하는 장면이나 산악 등반 사고 장면은 불안과 공포를 유발하도록 설계되었죠. 중립적인 감정을 유발하기 위해서는 색깔 막대기들이 쌓이는 추상적이고 동적인 디스플레이를 사용했어요.[33]

그리고 참가자들은 각 비디오를 보고 나서 '이 상황에서 어떤 일이 일어날 수 있을까요?'라는 질문에 가능한 많은 답변을 작성하도록 했죠. 결과가 어떻게 나왔을까요?

사실, 비디오를 보고 사람들의 생각에 영향을 미친다는 게 의문일 수도 있지만, 결과는 놀라웠어요. 긍정적인 감정을 경험한 참가자들은 부정적이나 중립적 감정을 경험한 참가자들보다 훨씬 많은 행동

목록을 작성했죠. 긍정적 감정을 경험한 참가자들은 평균적으로 3.5 개의 행동을 적은 반면, 중립적 감정을 경험한 참가자들은 약 3개, 부정적 감정을 경험한 참가자들은 약 2개의 행동을 적었어요. 이런 결과는 긍정적인 감정이 우리의 사고와 행동 범위를 넓혀 더 많은 아이디어와 행동을 떠올리게 한다는 걸 보여줍니다."

"긍정적인 경험을 한 사람들과 부정적인 경험을 한 사람의 차이가 꽤 크네요. 사람들이 부정적 감정을 느낄 때 사고의 폭이 좁아진다는 얘기는 어디선가 들은 것 같아요."

"맞아요, 부정적인 감정을 느낄 때는 사고가 위험 회피나 생존 같은 즉각적인 문제 해결에 제한되죠. 그러다 보니, 아이디어를 떠올리는 데 한계가 생길 수 있어요. 반면, 긍정적인 감정은 인지적 확장뿐만 아니라 사회적 확장도 가능하게 만듭니다. 사람들이 더 많은 사회적 관계를 형성하고, 타인과의 유대감을 강화하는 행동을 유도하죠. 프레드릭슨과 코크Kok, B. E.는 긍정적인 감정이 사회적 관계를 확장하고 강화한다고 가설을 세웠고, 이를 실험적으로 입증했어요."

"어떤 실험이었나요?"

"연구진은 65명의 성인 참가자들을 9주동안 사랑-친절명상loving-kindness meditation을 포함한 긍정적 감정 증진프로그램에 참여시켰어요. 연구시작과 종료 시점에서 참가자들의 미주신경의 긴장도Vegal tone를 측정했죠. 참고로, 미주신경은 뇌에서 시작하여 심장, 소화기간, 폐 등으로 연결되는 주요 신경 중 하나인데 미주신경 긴장도가 높을수록 신체의 자율신경계가 더 유연하고 건강하게 기능한다는 것을 의미해요. 참가자들은 매일 긍정적 감정과 사회적 유대감 수준을

자기보고 방식으로 기록하였는데 초기 미주신경 긴장도가 높은 참가자일수록 프로그램 참여 중 긍정적 감정과 사회적 유대감의 증가를 경험했어요. 이렇게 증가된 긍정적 감정과 사회적 유대감은 다시 미주신경 긴장도의 향상으로 이어지는 상승 효과가 나타났죠. 결국 이 연구는 긍정적 감정이 사회적 유대관계를 강화하고, 강화된 유대관계가 생리적 건강 지표인 미주신경 긴장도의 향상으로 이어질 수 있다는 것을 보여주었어요."

"긍정적인 감정이 사회적 유대 관계까지 확장시키는 영향이 있다는 건 정말 흥미롭네요. 특히 제 리더십이나 팀 분위기가 긍정적이라면, 팀원들 간의 관계에도 좋은 영향을 줄 수 있다는 뜻으로 보이네요."

"그렇죠. 긍정적인 감정은 관계를 확장시키는 것에 그치지 않아요. 심리적으로도 큰 영향을 미칩니다. 예를 들어, 자신감, 자기 효능감, 낙관적인 사고를 키워줘 동기를 높이고, 도전적인 상황에서도 이를 극복할 수 있는 힘을 제공합니다."

"그렇다면 긍정적 감정이 업무 몰입을 위한 개인자원 중에 하나인 회복탄력성을 키우는 데도 도움을 줄 수 있겠네요. 회복탄력성을 높이기 위해 실패에 대해 긍정적 태도를 장려하거나 실패를 비난하기보다는 배울 점을 찾도록 격려해야 한다고 알려 주셨거든요."

"맞아요. 그걸 다 기억하고 있네요. 프레드릭슨과 터게이Michele M. Tugade는 긍정적인 감정이 스트레스 회복에 미치는 영향을 회복탄력성 수준에 따라 평가하는 실험을 진행했어요. 참가자들의 회복탄력성 수준을 사전에 설문을 통해 측정한 뒤 스트레스를 유발하기 위해

60초 동안 3분짜리 공개 연설을 준비하도록 했죠. 이 과제가 끝나고 심혈관 지표와 정서 상태를 평가했어요. 다음으로 참가자들은 무작위로 두 그룹으로 나누어 한 그룹에는 긍정적 정서를 유발하는 비디오를, 다른 그룹에는 중립적인 비디오를 시청하게 했어요.

비디오 시청 후 다시 심혈관 지표와 정서 상태를 측정한 결과 긍정적 정서를 유발하는 비디오를 시청한 그룹은 중립적 비디오를 시청한 그룹보다 심혈관 지표의 회복 속도가 더 빨랐어요. 특히, 회복탄력성이 높은 참가자들은 부정적 경험 후 긍정적 감정을 경험했을 때 심리 및 생리적 균형을 더 효과적으로 회복할 수 있다는 것을 확인할 수 있었어요."[34]

"긍정적인 감정이 인지적, 사회적, 심리적 측면에서 확장을 가져온다는 게 무엇을 의미하는지 이제 명확히 이해됐습니다. 특히, 업무 스트레스 상황에서 긍정적인 감정을 경험하게 한다면, 팀원들이 어려움을 극복하고 자신감을 얻는 데 큰 도움이 될 것 같아요. 앞서 말한 업무 몰입과 연결되는 부분도 많네요. 스트레스를 유발하는 직무 요구를 완화시킬 수 있는 직무 자원들이 확장의 역할을 할 수 있다는 점에서요."

"정확히 말씀하셨어요. 그래서 제가 '리더십 노와이Know Why'를 강조하는 이유는 스킬이나 지식의 적용이 아니라, 조직 관리와 리더십을 통합적으로 바라보는 것이 중요하기 때문이에요. 이제, '구축 Build'에 대해 이야기해 볼까요?

구축은 긍정적인 감정이 인지적, 심리적, 사회적 확장을 가져온 뒤, 그것이 단기적인 효과를 넘어 시간이 지나면서 개인의 회복력과 적

응력을 강화하는 자원이 된다는 개념이에요. 예를 들어, 인지적 자원은 더 나은 문제 해결 능력과 창의성으로 이어지고, 사회적 자원은 신뢰할 수 있는 인간 관계와 탄탄한 사회적 지원망을 구축하게 돼요. 심리적 자원은 회복탄력성이나 자기 효능감을 강화하죠. 심지어 신체적 자원도 긍정적인 감정을 기반으로 건강한 생활 습관과 강한 신체 능력을 유지하게 돕는다고 할 수 있어요."

"저도 신임 팀장 과정에서 배운 많은 기업 사례들이 루이스가 말씀하신 확장구축 이론과 연결된다고 느껴집니다. 예를 들어, 포스코는 직원들의 긍정적인 감정과 조직 몰입을 높이기 위해 독창적인 조직문화 프로그램을 운영한다고 들었어요. '기업은 곧 사람'이라는 철학을 바탕으로, 직원 중심의 복지와 성장을 지원하고, 직원들이 긍정적인 경험을 할 수 있도록 돕고 있다고 합니다. 이를 통해 직원들이 자부심을 느끼고 협업과 신뢰를 강화하며, 회사의 장기적인 성공에도 기여한다고 해요."[35]

"국내 기업의 좋은 사례군요. 그런 프로그램들을 구체적으로 어떤 방식으로 운영하는지 궁금하네요."

"예를 들어, 사내 멘토링 프로그램이 있어요. 신입 직원들이 선배들과 멘토-멘티 관계를 형성하며 회사 생활에 적응하는 방식입니다. 이를 통해 세대 차이를 줄이고, 상호 존중과 이해를 바탕으로 긍정적인 조직문화를 조성하는 데 도움이 된다고 해요.

또한, 유연 근무제나 자녀 교육비 지원 등 워크-라이프 밸런스를 지원하는 정책도 적극적으로 운영하고 있다고 합니다. 직원들이 개인적인 삶과 업무의 균형을 잘 유지하면서도 회사에 대한 충성도를

높일 수 있다고 하네요. 그런데 이 사례들은 조직 전체적으로 추진하는 프로그램이라서 팀 단위에서는 어떻게 적용할지 고민이 많이 되네요"

"그건 바로 팀장의 역할에 달려 있어요. 팀원들에게 긍정적인 감정을 유발하고, 팀원 상호 간 신뢰와 협력의 문화를 만들 수 있는 아이디어를 생각해 보면 좋을 것 같네요."

긍정적인 감정으로
팀을 변화시키는 전략

"내가 확장 및 구축 이론을 활용해서 팀 변화를 이끌 수 있는 몇 가지 아이디어를 갖고 있어요. 앞에서 이미 업무 몰입이나 자율성을 다루면서 말했던 내용들과 유사해요. 첫 번째는 긍정적인 피드백을 통해 성취감을 높이는 방법이에요. 팀장이 업무 중 작은 성과나 진전이 있을 때마다 즉각적으로 피드백을 주는 거죠. 예를 들어, 팀원이 새로운 아이디어를 제안했거나, 문제 해결에 기여했을 때, 공개적으로 칭찬을 하거나, 이메일로 감사의 말을 전할 수 있어요. 이런 긍정적인 피드백은 팀원들에게 자신감을 주고, 문제를 넓은 시각에서 보게끔 자극해요. 더 많은 시도와 창의적인 해결책을 찾게 되고, 이는 팀 전체의 역량을 높이는 데 큰 도움이 돼요.

두 번째는 자율성과 창의성을 격려하는 거예요. 팀장이 팀원들에게 주어진 문제를 해결하는 과정에서 자유롭게 창의성을 발휘할 수 있도록 권한을 주는 거죠. 예를 들어, 기존의 방법에서 벗어나 새로운 방법을 시도할 기회를 주고, 팀원들이 스스로 아이디어를 내고 실행할 수 있도록 돕는 거예요. 자율성은 긍정적인 감정을 불러일으키

고, 사고의 폭을 넓히는 데 중요한 역할을 해요. 장기적으로 팀원들의 창의성, 문제 해결 능력, 전문성 등 자원이 확장될 수 있죠.

세 번째는 긍정적인 경험을 공유하는 거예요. 팀장이 팀원들과 정기적으로 팀 빌딩 활동이나 성과를 축하하는 시간을 가지면 좋아요. 프로젝트가 완료된 후 함께 점심을 먹거나, 작은 축하 이벤트를 여는 거죠. 또는 스트레스 해소를 위한 간단한 리프레시 활동을 도입할 수도 있어요. 이런 경험을 공유하면, 팀원들 간의 신뢰와 협력 관계가 강화되고, 문제 해결에 있어서도 더 잘 협동하게 돼요.

네 번째는 도전적 과제와 성장 기회를 주는 거예요. 팀원들에게 새로운 역할이나 도전적인 프로젝트를 맡겨, 기존의 능력을 확장하고 새로운 기술을 배울 기회를 제공하는 거죠. 예를 들어, 한 팀원에게 중요한 프로젝트를 맡기거나, 다른 팀원에게는 새로운 기술을 적용하는 과제를 주는 거예요. 이런 도전 과제는 팀원들에게 긍정적인 감정을 유발하고, 성취감을 주며 능력을 확장시키죠.

다섯 번째는 스트레스 관리와 심리적 회복력을 돕는 거예요. 팀장이 팀원들의 정신적, 정서적 건강을 지원하는 활동을 도입하는 거죠. 예를 들어, 마감일이 가까워졌을 때, 팀원들에게 감사의 메시지를 전하거나, 업무를 분배하고 유연한 일정을 허용해주는 거예요. 스트레스가 높은 상황에서도 긍정적인 감정은 심리적 회복력을 높여주고, 더 창의적이고 유연하게 문제를 해결할 수 있도록 돕죠.

마지막으로, 팀 성과를 팀 자원으로 만드는 거예요. 프로젝트가 성공적으로 마무리된 후, 성과를 인정하고, 그 과정에서 배운 교훈이나 사용된 기술을 팀원들과 공유하는 거예요. 예를 들어, 성공적인 프

로젝트를 사내 뉴스레터에 게시하거나, 팀원들에게 작은 보상을 주면서 성과를 기념하는 거죠. 이렇게 팀이 경험한 성과는 팀 자원으로 쌓이고, 이는 장기적으로 팀의 역량을 더욱 강화하는 데 도움이 돼요. 어때요, 다니엘? 적용할 수 있는 방법들이 많죠?"

"네! 정말 많은 방법들이 있어요. 확장구축 이론은 팀 단위에서 팀장이 팀원들에게 긍정적인 감정을 불어넣고, 자율성과 창의성, 협력, 심리적 회복력을 확장시켜 팀의 성과를 높이는 데 유용한 방법들이네요. 이 모든 것들이 팀의 역량을 지속적으로 높여줄 거 같아요."

"그럼, 오늘 이야기한 것들을 잘 적용해보세요. 다니엘도 확장 경험을 하는 것 같네요!"

긍정적인 감정이 리더십과 조직에 미치는 강력한 영향을 다시 한 번 실감했습니다. 특히 확장구축 이론이 팀원들의 사고와 행동을 넓히고, 인지적·사회적·심리적 자원을 구축하는 데 중요한 역할을 한다는 점이 깊이 와닿았습니다.

1. **긍정적인 감정은 창의성과 유연성을 높인다:** 팀원들이 자유롭게 아이디어를 공유하고 혁신적인 접근을 시도할 수 있도록 긍정적인 분위기를 조성하겠습니다.

2. **사회적 유대와 신뢰를 강화한다:** 신뢰는 긍정적인 감정을 기반으로 형성된다는 점을 깨달았기에, 리더로서 팀원들과 더 깊이 연결될 수 있도록 노력하겠습니다.

3. **심리적 회복력을 키운다:** 팀원들이 스트레스를 극복하고 자신감을 회복할 수 있도록, 정서적 지지와 안정감을 주는 환경을 만들겠습니다.

이를 바탕으로 실천할 방향을 정리해 보았습니다.

1. **긍정적인 피드백 강화:** 작은 성과도 놓치지 않고 인정하며, 팀원들이 자신감을 갖고 성장할 수 있도록 돕겠습니다.

2. **팀워크 증진 활동 도입:** 팀원들이 서로 긍정적인 경험을 공유하고

신뢰를 쌓을 수 있도록 정기적인 팀 빌딩 프로그램을 운영하겠습니다.

3. **스트레스 관리 지원:** 감사의 메시지나 업무 조정을 통해 팀원들이 심리적 안정을 찾고, 더 나은 성과를 낼 수 있도록 지원하겠습니다.

이번 대화를 통해 배운 내용을 실천하며, 긍정적인 분위기를 조성하는 리더가 되겠습니다.

다니엘 드림

확장구축 이론Broaden and Build Theory

- 긍정적인 감정이 우리의 사고와 행동의 폭을 넓혀_{확장} 인지적, 사회
  적, 심리적 자원을 형성하고, 이를 통해 회복력과 적응력을 강화하
  는_{구축} 과정을 설명하는 이론
- 확장Broaden Effect : 긍정적인 감정이 우리의 사고와 행동의 범위를
  넓혀주는 역할
- 구축Build : 긍정적인 감정을 통해 확장된 인지적, 심리적, 사회적 변
  화가 일시적인 효과에 그치지 않고, 시간이 지나면서 개인의 회복력
  과 적응력을 강화하는 자원이 된다는 것을 의미

긍정적인 감정으로 팀을 변화시키는 전략

1. 긍정적 피드백을 통한 성취감 증진
2. 자율성과 창의성 격려
3. 긍정적 경험의 공유
4. 도전적 과제와 성장 기회 제공
5. 스트레스 관리와 심리적 회복 지원
6. 팀 성과의 팀 자원화

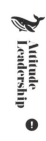

8 리더의 감정이
   팀에 미치는 영향

리더의 감정은 조직의 성과와 분위기를 결정짓는 중요한 열쇠다. 리더가 스트레스와 부정적인 감정을 제대로 관리하지 못하면, 이는 팀 전체에 파급 효과를 일으켜 협업을 방해하고 생산성을 저하시킬 수 있다. 반대로, 긍정적인 감정은 동기와 활력을 불어넣고, 창의성과 협력 문화를 조성한다.

이 장에서는 교차이론을 중심으로, 리더의 감정이 개인과 조직에 미치는 직접적·확산적 영향을 살펴본다. 또한, 긍정적인 감정을 유지하고 조직에 전파하는 실질적인 전략과 사례를 제시한다. 이 장에서는 리더로서 감정을 관리하는 것이 개인의 감정 조절을 넘어 조직의 성과와 지속 가능성을 좌우하는 요소임을 이해하고, 이를 바탕으로 더 나은 팀 문화를 조성하는 방법을 살펴보려 한다.

01 리더의 감정은
팀 전체로 전이된다

"리더가 기분이 안 좋으면 직원들이 그걸 눈치채고, 전체적인 분위기에도 영향을 미치는 것 같아요. 예전에 제 입사 동기가 근무했던 다른 부서의 상사는 표정 변화가 거의 없거나 자주 인상을 찌푸리곤 했어요. 그 상사의 영향인지, 부서원들까지 비슷한 표정을 짓게 되고, 사무실 분위기마저 무겁게 느껴졌어요. 심지어 조명의 밝기는 똑같았는데도 그 부서가 다른 사무실보다 더 어두운 느낌이었어요. 리더의 태도와 표정이 조직 분위기에 얼마나 큰 영향을 미치는지 느꼈어요."

"그 부서가 어디인지 알겠네요. 그 임원은 평소 인상 쓰고 다니기로 유명했어요. 예전에 리더가 퇴근을 안 하면, 직원들도 퇴근 못 한다는 암묵적인 룰이 있었죠. 우리가 나눈 대화를 설명하는 이론이 바로 아놀드 바커Arnold Bakker가 말한 교차이론Crossover Theory이에요. 이 이론은 심리학과 조직 행동 분야에서 매우 중요한 개념으로, 개인이 직장에서나 가정에서 경험하는 스트레스, 감정, 자원이 어떻게 다른 사람에게 전이되는지를 다룹니다. 특히 감정이 한 사람에게만 머

무르지 않고, 팀이나 조직 전체로 확산되는 과정을 설명하죠.[36]

이 이론의 핵심은 바로 감정의 전이예요. 개인이 느끼는 부정적인 감정, 예를 들면 스트레스, 피로, 불안 같은 감정은 물론, 긍정적인 감정인 행복이나 만족도 가까운 사람에게 전달될 수 있다는 점이죠. 예를 들어, 팀원이 큰 스트레스를 받는 상황이라면, 그 스트레스가 주변 동료들에게도 영향을 미칠 수 있어요. 반대로, 긍정적인 감정을 서로 나누면 조직 분위기가 밝아지고 성과도 자연스럽게 높아질 수 있답니다."

**감정 전이가
작동하는 방식**

"교차에는 1차 교차Primary Crossover와 2차 교차Secondary Cross-over, 두 가지 종류가 있어요. 1차 교차는 한 개인의 감정이 직접적으로 다른 개인에게 전이되는 경우를 말해요.[37] 예를 들어, 한 직원이 상사와의 갈등 때문에 스트레스를 받는다면, 이 스트레스가 그 직원의 동료나 가족에게도 그대로 영향을 미칠 수 있어요. 즉 감정이 직접적으로 전달되어 주변 사람들이 영향을 받는 경우를 1차 교차라고 할 수 있죠."

"어떤 본부장이 소속 팀의 실적 부진에 화가 나서, 팀장을 강하게 질책한다면, 이것이 1차 교차에 해당하겠네요?"

"맞아요. 그런데 2차 교차는 감정이 한 개인을 넘어 팀이나 조직 전체에 영향을 미칠 때 발생해요. 예를 들어, 팀장이 그 본부장에게 받은 스트레스가 팀원들에게 전달되면서, 그 감정이 확산돼 조직의 분위기나 성과에까지 영향을 미치는 경우가 바로 2차 교차예요."

"아, 그렇다면 2차 교차는 한 사람의 감정이 개인을 넘어서 팀이나 조직까지 미치는 경우네요. 예를 들어, 팀장이 상사에게 받은 스

트레스 때문에 비현실적인 목표를 강요하거나 부정적인 태도를 보이면, 그로 인해 팀 전체가 불안감을 느끼고 일하는 분위기가 악화되는 거죠."

"정확해요. 교차이론의 핵심은 바로 그 과정에 있어요. 감정이 전파되는 주요한 경로는 공감과 동일시죠. 우리가 다른 사람의 감정을 이해하거나 자신의 경험에 빗대어 감정을 느낄 때, 그 감정이 전파되는 거예요. 예를 들어, 스트레스를 받는 동료를 보고, 그 감정에 공감하거나 자신도 비슷한 경험을 떠올리게 되면, 그 스트레스를 함께 느끼게 되는 거죠."

"저도 그런 경험이 있어요. 고객 계약 갱신 때문에 상사에게 심하게 질책을 받은 날, 퇴근 후 가족과 아이의 성적 문제로 대화를 하다가 저도 모르게 화를 내고 다툰 적이 있어요. 그 스트레스가 집 안으로 그대로 전이된 거죠."

"아내가 많이 당황했겠네요. 나도 아내와 말다툼을 한 후, 출근했는데 마음이 불편해서 회의에 집중하지 못하고 직원들에게 짜증 섞인 말을 했던 적이 있죠. 그런 경험을 통해 깨달은 건, 개인의 감정 관리가 팀과 조직에 얼마나 큰 영향을 미치는지라는 거예요."

03 팀 분위기를 컨트롤하는 법

"그렇다면, 팀 차원에서 교차이론을 활용해 팀 효율성을 높이려면 어떻게 해야 할까요?"

"좋은 질문이에요, 다니엘. 교차이론은 개인의 감정 상태를 이해하는 것 이상의 의미를 가져요. 팀장으로서 팀의 분위기를 개선하고 긍정적인 변화를 이끌어내는 데 정말 중요한 도구가 될 수 있어요. 그럼, 세 가지 방법을 알려드릴게요.

첫째, 팀장이 스스로 감정을 잘 관리하는 것이 가장 중요해요. 팀장 한 사람의 감정 상태가 팀 분위기와 성과에 큰 영향을 미치거든요. 만약 리더가 스트레스를 부정적으로 표출하면, 그 감정은 쉽게 팀원들에게 전이되어 팀의 사기를 떨어뜨리죠. 반대로, 긍정적인 태도와 격려의 메시지를 전달하면, 팀원들에게 동기부여와 활력을 불어넣을 수 있어요. 예를 들어, 프로젝트에서 큰 스트레스를 받고 있는 팀장이 자신의 불안을 드러내면 팀 전체가 긴장할 수 있어요. 하지만 팀장이 긍정적인 태도로 목표를 제시하고 팀원들의 기여를 인정한다면, 그 긍정적인 에너지가 팀 전체로 퍼지게 되죠.

둘째, 긍정적인 교차효과를 촉진하는 방법입니다. 교차이론은 부정적인 감정뿐만 아니라 긍정적인 감정도 전이된다는 점에서 팀 문화 개선에 중요한 역할을 해요. 한 사람의 긍정적인 에너지가 팀 전체로 확산되면, 생산성과 창의성이 증대될 수 있죠. 이를 위해 긍정적인 피드백 문화를 조성하는 것이 좋습니다. 팀원들끼리 서로의 성과를 칭찬하고 격려하는 문화를 만들어 긍정적인 감정을 조직 내에서 확산시키는 거죠. 성과가 뛰어난 팀원에게 적절한 보상과 인정을 제공하면, 그 긍정적인 감정이 다른 팀원들에게도 전파될 수 있어요.

셋째, 원격 근무 상황에서도 긍정적인 상호작용을 증대시키는 방법이에요. 원격 근무가 늘어나면서 대면 기회가 줄어들었지만, 여전히 화상 회의나 메시지를 통해 감정은 전이될 수 있어요. 이때 긍정적인 상호작용을 의도적으로 설계해야 부정적인 감정 전이를 예방할 수 있습니다. 예를 들어, 회의 시작 전에 간단한 칭찬이나 감사의 말을 전하는 것도 효과적인 방법이에요."

"지금 말씀하신 내용이 일종의 체크인check-in이라고 할 수 있네요. 회의나 팀 미팅을 시작하기 전에 팀원들이 간단한 질문이나 대화를 통해 현재의 감정 상태와 생각 그리고 근황을 공유하는 체크인을 하면 심리적 안전감도 형성하고 팀워크가 강화되면서 참여도가 증가한다고 들었습니다. 이제 직원들 앞에서 화를 내거나 스트레스를 표현하는 것에 대해 더 신경 써야 할 것 같아요."

"다니엘처럼 자기 인식이 뛰어난 리더라면, 긍정적인 팀 문화를 만들어 갈 가능성이 정말 큽니다. 또 한 가지 떠오른 게 있어요. 바로

'썩은 사과의 법칙The Bad Apple Theory'이에요. 팀 내 부정적인 태도나 행동이 방치되면, 그게 팀 전체에 악영향을 미칠 수 있죠. 리더는 이를 적절히 관리하고, 팀원들과 함께 긍정적인 규범을 만들어야 합니다."

"오늘 대화를 통해 팀장으로서 리더십의 본질과 감정 관리의 중요성을 명확히 이해하게 됐습니다. 배운 내용을 팀에 실천해보고 싶어요. 감사합니다!"

"저도 정말 보람을 느낍니다. 앞으로 이 이론을 어떻게 실천적으로 적용할 수 있을지 함께 이야기 나눠보죠."

리더의 감정 관리가 개인의 문제를 넘어 팀과 조직의 분위기와 성과에 직접적인 영향을 미친다는 사실을 다시 한번 깨달았습니다. 특히 교차이론이 감정의 전이와 확산 메커니즘을 설명한다는 점이 인상적이었습니다.

1. **리더의 감정은 팀의 분위기를 좌우한다:** 긍정적인 감정은 협력과 생산성을 높이는 반면, 부정적인 감정은 팀의 스트레스를 증가시킬 수 있음을 다시금 실감했습니다.
2. **감정의 확산 효과를 활용해야 한다:** 부정적인 감정이 전이되지 않도록 관리하는 동시에, 긍정적인 감정을 조직 내에서 확산시키는 것이 중요합니다.

이를 실천하기 위해 다음과 같은 방향을 정했습니다.

1. **긍정적인 태도 유지:** 감정을 의식적으로 관리하고, 팀원들에게 긍정적인 에너지를 전달하겠습니다.
2. **긍정적 감정의 확산:** 성과를 인정하고, 칭찬과 격려를 통해 긍정적인 감정을 조직문화로 자리 잡도록 하겠습니다.
3. **부정적 감정 조율:** 스트레스와 부정적인 감정을 의식적으로 다루어, 팀에 불필요한 부담이 전이되지 않도록 하겠습니다.

이번 대화를 통해 리더십의 또 다른 중요한 측면을 배우게 되어 감사드립니다. 배운 내용을 팀에 적용하며, 긍정적인 조직문화를 만드는 데 집중하겠습니다.

다니엘 드림

교차이론Crossover Theory

개인이 직장이나 가정에서 경험하는 스트레스, 감정, 그리고 자원이 다른 사람에게 전이되는 현상

1차 교차 vs. 2차 교차

구분	1차 교차Primary Crossover	2차 교차Secondary Crossover
영향의 범위	특정 개인	팀 전체 또는 조직
영향의 방식	팀장의 부정적 감정이 직접적으로 한 사람에게 전이됨	팀장의 부정적 감정이 간접적으로 팀 전체의 분위기와 협업에 영향을 미침
사례의 핵심 차이	한 팀원을 짜증 섞인 말투로 지적하거나 질책함	회의나 업무 전반에서 긴장된 태도와 불만을 드러내며 모든 팀원들에게 압박을 가함
결과	특정 팀원이 감정적으로 위축되거나 불쾌감을 느끼는 수준	팀 전체가 불안과 스트레스를 느끼며 협업이나 성과에 부정적인 결과를 초래함

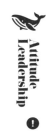

Part 1에서 루이스와 다니엘은 리더십의 본질과 리더십이 구성원의 태도에 미치는 영향과 구조를 탐구하며, '왜 리더십이 중요한가'에 대한 근본적인 질문을 다루었다. 하지만 리더십의 필요성을 이해하는 것과 이를 실천하는 것은 다르다. 리더의 말과 행동은 직원의 태도에 직접적인 영향을 미치며, 그중 어떤 요소가 긍정적인 변화를 이끌어낼 수 있을까? Part 2에서는 이 질문에 대한 답을 찾는다. 이제 우리는 직원의 태도를 변화시키는 실질적인 리더십 전략Know How을 살펴볼 것이다. 핵심 주제는 다음과 같다.

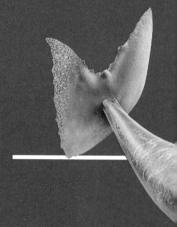

- 효과적인 팀 규범 설정과 유지 방법
- 업무 지시와 통제의 최적화
- 심리적 소유감을 높여 책임감을 강화하는 법
- 순응을 헌신으로 바꾸는 임파워먼트 원칙
- 행동과 변화로 이끄는 동기부여와 피드백 스킬

구성원의 태도를 변화시키는 핵심 메시지를 바탕으로, 리더가 실천할 수 있는 구체적인 방법을 제시한다. 이는 리더로서 한 단계 성장하고자 하는 독자들에게 실질적인 나침반이 되어 줄 것이다. 준비되었다면, 이제 리더십 실천의 본질로 한 걸음 더 깊이 들어가 보자.

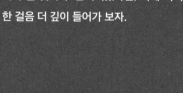

Attitude Leadership

Part 2

리더십을 실행하다
Know How

: 직원의 태도를 변화시키는 실천 전략

1 팀 규범:
직원 태도의 기본값을 설정하라

　직원들의 태도는 조직의 성과와 협력 문화를 형성하는 중요한 요소다. 하지만 많은 리더들이 구성원들이 자발적으로 협력하고, 팀 목표에 적극 동참하도록 이끄는 데 어려움을 겪는다. 그렇다면 어떻게 해야 할까?

　이 장에서는 직원들의 태도와 행동을 긍정적으로 변화시키는 핵심 전략으로 팀 규범 설정의 중요성을 살펴본다. 팀 규범은 지침을 넘어, 조직의 방향성을 정하고 협력 문화를 구축하는 필수 요소다. 특히, 효과적인 팀 규범을 설정하고 운영하는 단계별 방법과 직원들의 자발적인 참여를 유도하는 전략을 다룬다.

　또한, 규범 설정 과정에서 발생할 수 있는 문제 행동을 도출하고 개선하는 방식을 통해 직원들의 행동 변화를 이끄는 심리적 원리도 탐구한다. 이를 통해 리더가 협력과 성과를 극대화하는 팀 문화를 설계하고 실행하는 실천적 방향을 제시할 것이다.

01 팀 규범이
직원의 태도를 바꾼다

"루이스, 직원들의 태도에 긍정적인 변화를 이끌어낼 수 있는 실질적이고 지속 가능한 방법이 있을까요? 팀원들이 협력하며 팀워크를 발휘하기를 기대하는데, 생각만큼 잘 되지 않아요."

"좋은 질문이에요, 다니엘. 우리가 업무 몰입을 이야기할 때, 직원들이 심리적으로 안전감을 느낄 수 있도록 만드는 방법으로 팀 규범 설정의 중요성을 다룬 적이 있어요. 팀 규범은 업무의 지침을 넘어서, 팀이 함께 지켜야 할 기본적인 행동과 태도의 기준을 뜻해요. 글로벌 제약회사 화이자가 구성원들의 수평적 커뮤니케이션을 보장하고 주인의식을 높이기 위해 도입한 '스트레이크 토크straight talk'라는 규범이 좋은 사례죠. '스트레이크 토크'라고 새겨진 토큰을 내밀면 지위고하에 관계없이 언제든지 발언하고 경청해야 해요.[38] 이처럼 규칙을 명확히 설정하면 팀원들이 어떤 행동을 해야 할지 더 잘 이해하고 실천하기 쉬워요."

"그렇다면, 팀 규범은 팀의 방향성과 행동을 공유하는 데 중요한 역할을 한다는 거군요. 팀 규범은 구체적으로 어떻게 만들어야 할까요?"

"팀 규범은 팀장이 일방적으로 정하는 게 아니에요. 팀원들과 함께 규범을 설정하는 것이 훨씬 효과적이에요. 팀원들이 팀 규범 설정 과정에 참여하면, 규범에 대한 소유감과 책임감이 생기고, 그만큼 실천하려는 의지도 강해져요. 팀 규범은 단지 미션과 비전을 달성하기 위한 행동 가이드라인일 뿐만 아니라, 팀원 간의 신뢰와 협력을 촉진하고 팀에 활기를 불어넣는 역할을 해요."

"저도 그 말에 정말 공감합니다. 팀장이 규범을 일방적으로 정하면 팀원들이 수동적으로 따를 수밖에 없고, 그럼 헌신을 기대하기 어렵겠죠?"

"맞아요. 팀 규범은 어떤 과정을 통해 만들었는지가 더 중요합니다. 팀 규범을 한 문장으로 정의하자면, '팀의 미션과 비전을 실현하기 위해 팀원들이 공유해야 할 기본적인 자세와 행동을 명확히 설정한 것'이라고 할 수 있어요. 팀 규범을 통해 팀원들은 목표를 달성하기 위한 공통의 행동과 태도를 공유하고, 서로가 기대하는 바를 명확히 이해하게 돼요."

"그렇다면 팀 규범을 정할 때 주의해야 할 점이 있나요?"

"물론 있어요. 첫째로, 팀 규범은 팀원들이 동의하고 실천할 수 있는 내용이어야 해요. 너무 이상적이거나 추상적이면 실천하기 어려운 법이죠. 둘째로, 모든 규범이 참여 방식으로 만들어지는 것은 아니에요. 예를 들어, 안전이나 재무관리처럼 반드시 지켜야 할 사항들은 팀장이 명확히 지침을 내리고, 이를 강제해야 할 필요가 있어요. 하지만 그 외의 영역에서는 팀원들의 참여를 최대한 장려하는 것이 중요해요."

"이해했어요. 팀 규범은 팀 내 협력과 목표 달성을 위한 기준이자 행동의 가이드라인으로, 모두가 공유하고 실천해야 하는 내용이군요."

"맞아요. 팀 규범은 팀원들이 서로의 행동을 예측 가능하게 만들고, 목표를 향해 일관되게 나아가게 해요. 이를 통해 부서 내에 활기를 부여하고, 자율적인 규범 문화를 형성할 수 있어요. 앞으로 팀 규범을 설정할 때, 다니엘도 팀원들과 충분히 논의하고 함께 만들어 가길 바라요."

"네, 루이스! 팀원들과 논의해 우리만의 효과적인 팀 규범을 만들어 볼게요."

강력한 팀 문화를 만들기 위한
팀 규범 설정

"그러면 팀 규범을 효과적으로 설정하는 방법을 단계별로 설명해볼게요.

첫 번째 단계는 팀원들에게 부서의 미션과 목표 달성에 방해가 되는 문제 행동을 도출하는 것입니다. 팀원들에게 포스트잇을 나누어주고, 업무 수행, 인간관계, 도덕·윤리적 측면에서 각자가 2~3개씩 문제 행동을 작성하도록 안내해요. 이때, 문제 행동은 추상적인 것이 아니라 구체적이고 관찰 가능한 행동으로 작성하도록 해야 합니다.

두 번째 단계는 각자가 작성한 문제 행동을 영역별로 분류하고 통합한 후, 투표를 통해 가장 심각한 문제 행동을 2~3가지를 선정하는 과정입니다. 투표는 각자가 가장 심각하다고 생각하는 문제 행동에 스티커를 붙이는 방식으로 진행하는 것을 추천드려요.

세 번째 단계는 문제 행동을 피할 수 있는 기본원칙을 설정하는 것입니다. 기본 원칙은 '창의력을 발휘한다' '고객 만족을 위한 업무를 수행한다' '올바른 피드백 문화를 만든다'처럼 조금은 추상적이지만, 팀의 가치나 방향성을 담고 있는 원칙을 설정해야 해요.

마지막 네 번째 단계는 기본 원칙을 준수하기 위한 필요 행동을 도출하는 것입니다. 필요 행동은 문제 행동처럼 구체적이고 관찰 가능한 행동으로 표현되어야 합니다. 예를 들어, '잘한 점은 구체적으로 칭찬한다' '회의 중에는 휴대폰을 보지 않는다' '피드백 시 대안을 제시한다'와 같은 구체적인 행동을 도출하는 것이 중요해요.

제가 임의로 만든 팀 규범 설정 사례를 보면 더 쉽게 이해가 될 거예요."

팀 규범 설정 사례

구분	영역	내용
문제 행동	업무적 측면	1. 업무 기한을 자주 어긴다. 2. 회의 중 비생산적인 대화로 시간을 낭비한다. 3. 업무 분담을 명확히 하지 않아 중복 작업 발생시킨다. 4. 보고서에 상세 정보를 누락하여 업무 혼란을 초래한다. 5. 중요한 결정을 팀원들과 공유하지 않는다.
	인간관계 측면	1. 동료 간 과도한 경쟁으로 협업 저해한다. 2. 회의 중 타인의 의견을 무시하거나 비난한다. 3. 책임 회피로 인해 갈등을 일으킨다. 4. 중요한 정보를 일부 팀원에게만 공유한다. 5. 갈등 상황에서 감정을 억누르지 못하고 감정적으로 대응한다.
	윤리적 측면	1. 업무 중 사적인 용도로 회사 자원을 사용한다. 2. 회사 내 규정을 의도적으로 무시하거나 축소 보고한다.
가장 심각한 문제 행동		• 업무 기한을 자주 어긴다. • 중요한 결정을 팀원들과 공유하지 않는다. • 동료 간 과도한 경쟁으로 협업 저해한다. • 회의 중 타인의 의견을 무시하거나 비난한다. • 업무 중 사적인 용도로 회사 자원을 사용한다.

기본 원칙	1. 업무의 기한 준수를 철저히 한다. 2. 중요한 의사결정을 투명하게 공유한다. 3. 협업과 상호존중을 우선시한다. 4. 갈등 상황에서도 감정을 절제하고 협력한다. 5. 회사 자원을 정당하게 협력적으로 사용한다.
필요 행동	• 모든 업무의 마감 기한을 명확히 설정하고 공유한다. • 모든 의사결정 기록을 공유 드라이브나 메일을 통해 배포한다. • 동료의 의견을 듣고 긍정적으로 피드백한다. • 모든 팀원에게 동일한 정보와 기회를 공정하게 제공한다. • 비난 대신 문제 해결에 초점을 맞추는 발언을 한다. • 회사 자원의 사용 내역을 정기적으로 점검하고 보고한다.

"보여주신 사례처럼 팀원들과 함께 팀 규범을 만들어봐야겠네요. 그런데 팀 규범을 만드는 첫 단계에서 문제 행동을 열거하는 방식보다는 긍정적인 접근을 해보면 좋지 않을까요? 우리 팀이 성과를 내고, 팀워크를 잘 발휘하려면 무엇을 해야 할지 생각하게 하는 것이죠."

"그 점에 대해 의문을 가질 거라고 예상했어요. 확장구축 이론 관점에서는 긍정적인 방향을 생각하는 것이 더 많은 아이디어를 이끌어낼 수 있죠. 그런데 문제 행동을 먼저 떠올리고, 이를 바로잡기 위한 올바른 태도와 행동을 생각하는 방식은 몇 가지 장점이 있어요. 이를 통해 인지와 개선 방향을 동시에 제공할 수 있죠.

첫 번째 장점은 인지적 대비 효과입니다. 문제 행동을 먼저 떠올리게 하면, 직원들이 '하지 말아야 할 것'을 명확히 인지할 수 있어요. 그리고 대조되는 올바른 행동을 생각하면, 그 차이를 통해 올바른 행동의 필요성을 더 명확히 인식하게 되죠. 이는 행동 지침을 이해하는 데 도움이 되고, 문제 행동과 바람직한 행동의 차이를 기억하는 데

유리해요.

두 번째는 학습과 긍정적 대체 행동효과입니다. 문제 행동을 떠올린 후, 이를 해결할 수 있는 긍정적 행동을 강조하면, 직원들이 단순히 금지된 규범을 따르는 것 이상으로, 문제를 개선할 수 있는 구체적인 행동 대안을 학습하게 돼요. 이는 부정적인 행동을 긍정적인 행동으로 대체하는 데 도움이 되는 방식이에요. 즉, '무엇을 하지 말아야 하는지'를 넘어 '무엇을 해야 하는지'에 대한 구체적인 방향을 제시할 수 있어요.

세 번째는 심리적 수용성과 자발성 효과입니다. 직원들이 부정적인 행동을 먼저 언급하고, 이를 바로잡는 대안을 제시하면, 문제를 해결할 방향을 제시하는 느낌을 가질 수 있어요. 그 과정에서 긍정적 행동의 필요성을 스스로 납득하게 되면서 자발적으로 규범을 준수하게 되죠. 이는 규범 준수를 내면화하는 데 도움이 되고, 장기적으로 지속 가능한 행동 변화를 이끌어낼 수 있어요.

마지막으로 동기부여와 행동수정의 균형효과입니다. 문제 행동을 인식한 후, 올바른 태도와 행동을 생각하면서 긍정적인 예시를 떠올리면, 부정적 행동에서 긍정적 행동으로의 전환이 자연스럽게 이루어져요. 특히 자신이 문제 행동을 가지고 있다고 생각하는 직원들에게 긍정적 변화의 가능성을 제시함으로써, 그들이 부정적 행동을 수정하려는 동기와 의지를 고취할 수 있어요."

"말씀을 듣고 보니, 팀 규범을 만드는 과정 자체가 직원들의 변화를 유도하는 좋은 방법이 될 것 같아요. 제가 직접 실천해보고 말씀드릴게요."

팀 규범이 행동 지침만으로는 설명할 수 없는 신뢰와 협력을 구축하고, 팀의 성과를 이끄는 핵심 요소라는 점을 깊이 깨달았습니다. 흐릿했던 개념들이 선명해지면서, 실천의 필요성을 더욱 절감하게 되었습니다.

1. **팀원 참여가 필수적이다:** 규범은 강요가 아니라 팀원들의 의견이 반영될 때 자발적인 실천으로 이어진다는 점이 중요하다고 생각합니다.
2. **문제 해결 중심의 접근이 필요하다:** 표면적인 규칙 설정이 아니라, 실제 문제를 도출하고 해결책을 규범으로 정하는 것이 실천 가능성을 높인다는 점이 인상적이었습니다.
3. **지속적인 점검과 발전이 중요하다:** 규범은 한 번 정하는 것이 아니라, 변화하는 팀 상황에 맞춰 조정하고 개선해 나가는 과정임을 다시금 깨달았습니다.

이에 따라 이렇게 실천하려 합니다.

1. 팀원들과 함께 규범을 설정하며 의견을 반영하겠습니다.
2. 문제 행동을 구체적으로 정의하고, 실천 가능한 해결책을 명확히 제시하겠습니다.
3. 정기적인 점검과 보완을 통해 팀 규범이 자연스럽게 자리 잡도록 하

겠습니다.

어제 대화를 통해 팀장으로서 나아가야 할 방향이 더욱 명확해졌
습니다. 배운 내용을 실천하며 변화의 과정을 만들어 가겠습니다.

다니엘 드림

팀 규범

팀의 미션과 비전 실현을 위해 팀원들이 공유해야 할 기본 자세와 행동을 명확히 설정해 놓은 것

팀 규범 설정 프로세스

1. 부서의 미션 및 목표 달성에 방해되는 문제 행동 도출

2. 문제 행동 중 가장 심각한 문제 행동 선정

3. 문제 행동을 피할 수 있는 기본 원칙 설정

4. 기본 원칙 준수를 위한 필요 행동 도출

2 직원이 리더처럼 실행하게 하려면?

조직의 성과는 직원이 업무의 명확한 방향과 목적을 알고 있고 그것에 대해 의미와 책임감을 느낄 때 극대화된다. 그러나 현실에서는 많은 관리자가 직원들에게 명확한 업무 방향을 제시하는 것의 중요성과 문제를 의식하지 못하고 있다. 그 결과, 리더의 업무 지시는 비효율성을 증가시키고, 직원들은 혼란에 빠져 동기를 잃거나 몰입하지 못하게 된다.

이 장에서는 업무 지시의 본질을 탐구한다. 정보 전달에 그치는 것이 아니라, 직원들이 리더의 관점에서 사고하고 업무를 효과적으로 수행할 수 있도록 지원하는 과정으로 조명한다. 명확하지 않은 지시가 직원의 태도와 성과에 미치는 영향을 분석하고, 효과적인 리더십의 핵심 요소로서 업무 지시가 왜 중요한지 살펴본다.

업무 지시는 과업을 배분하는 데 그치지 않고, 동기를 부여하고 책임감을 형성하는 역할을 한다. 이를 효과적으로 수행하려면 명확성과 구체성이 필수적이다. 이를 위해 POWER 모델Purpose, Outline, Work Scope, Expected Timeline, Resource을 활용하여 혼란을 줄이고, 업

무 수행을 효과적으로 이끌어가는 방법을 제시한다. 리더는 직원의 입장에서 업무 지시를 재구성함으로써 조직의 효율성과 성과를 극대화할 수 있다. 업무 지시는 형식적인 과정이 아니라, 성과를 위한 첫 걸음이다.

01 업무 지시, 단순한 전달이 아니다

"다니엘, 관리자의 역할이 뭐라고 생각하나요?"

"크게 관리와 리더십, 두 가지로 나뉜다고 알고 있어요."

"맞아요. 두 역할 다 중요하죠. 그런데 요즘엔 관리보다 리더십이 더 강조되는 분위기예요. 심지어 리더와 관리자를 비교하면서 관리 자체를 부정적으로 보는 시각도 있죠. 하지만 관리 없는 리더십은 허상입니다. 오늘은 그 관리 영역 중에서도 '업무 지시'에 대해 이야기 해보려 합니다.

다니엘은 업무 지시에 대해 어떻게 생각하나요?"

"중요하다고 생각해요. 그런데 솔직히 말하면 실무자로 있을 때 업무 지시가 늘 좋은 기억으로 남지는 않았어요. 교육 담당자로 일하던 시절, 팀장님께 승진자 교육 프로그램을 준비하라는 지시를 받았던 일이 있어요. 그런데 그게 제대로 진행되지 않으면서 팀장님과 관계가 어색해졌죠."

"무슨 일이 있었나요? 좀 더 자세히 이야기해 주세요."

"그때 팀장님이 저를 부르시더니, 승진자 교육을 준비하라고 하

**Working together works well,
with PlanB**

planb
DESIGN

플랜비디자인은 조직개발 및 인적자원개발 컨설팅을 제공할 뿐 아니라, HR전문 도서를 출판하고 있습니다. 개인과 조직이 함께 성장하고 더불어 살아갈 수 있는 조직을 디자인합니다. 모든 고객이 플랜비와 함께하는 과정에서 성장을 경험할 수 있도록 돕습니다.

조직의 문제는 언제나 급하고 복잡해 보입니다. 우리는 단순히 현상을 수습하기에 앞서 유기적인 시스템 안에서의 근원적인 문제가 무엇인지 치열하게 고민합니다. 당장의 급한 일들로 인해 놓쳐버린 진짜 문제를 찾고 지속 가능한 변화를 디자인합니다.

1. 컨설팅

플랜비디자인의 일은 고객과 고객사의 임직원의 입장을 깊게 공감하는 것에서부터 시작합니다. 진정으로 개인과 조직을 성장시키기 위해 꼭 필요한 질문을 시작으로 각 고객사의 조직 경험을 디자인합니다.

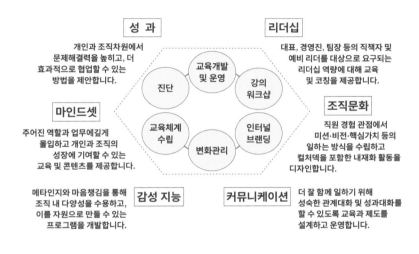

성 과
개인과 조직차원에서 문제해결력을 높이고, 더 효과적으로 협업할 수 있는 방법을 제안합니다.

리더십
대표, 경영진, 팀장 등의 직책자 및 예비 리더를 대상으로 요구되는 리더십 역량에 대해 교육 및 코칭을 제공합니다.

마인드셋
주어진 역할과 업무에 깊게 몰입하고 개인과 조직의 성장에 기여할 수 있는 교육 및 콘텐츠를 제공합니다.

조직문화
직원 경험 관점에서 미션·비전·핵심가치 등의 일하는 방식을 수립하고 컬처덱을 포함한 내재화 활동을 디자인합니다.

진단 / 교육개발 및 운영 / 강의 워크샵 / 교육체계 수립 / 변화관리 / 인터널 브랜딩

감성 지능
메타인지와 마음챙김을 통해 조직 내 다양성을 수용하고, 이를 자원으로 만들 수 있는 프로그램을 개발합니다.

커뮤니케이션
더 잘 함께 일하기 위해 성숙한 관계대화 및 성과대화를 할 수 있도록 교육과 제도를 설계하고 운영합니다.

2. HR 전문 도서 출판

다수의 HR전문가들과 함께 협업하며, 새로운 인사이트를 발굴하고, 출판합니다.
조직에서 도서를 더 잘 활용할 수 있게끔 다양한 활동을 지원합니다.

저자 및 도서를 연계한 특강 및 워크샵	조직의 학습문화를 위한 독서모임 퍼실리테이션
사내 도서관 큐레이션	'나인팀'을 통한 HRD(er)의 도서 공동 집필 프로젝트

셨어요. 그런데 언제까지 해야 하는지, 어떤 방향으로 기획해야 하는지 전혀 설명이 없었어요. 그냥 '알아서 해보라'고 하셨죠. 당시 저는 더 묻는 게 눈치 없다고 보일까 봐 혼자 한 달 동안 묵묵히 진행했어요."

"한 달 동안 어떤 작업을 했나요?"

"먼저 교육 대상자 데이터를 모으고, 타사 프로그램을 분석했어요. 대상자들의 니즈를 파악하려고 설문조사도 했고요. 그 결과를 바탕으로 교육 방향을 설정하고 기본안을 만들었죠. 그리고 한 달 뒤 팀장님께 보고를 드렸어요."

"팀장님 반응은 어땠나요?"

"'이건 내가 생각한 방향이 아니야'라고 하시더니, 승진자 교육에 50km 행군을 넣자는 거예요. 저는 이벤트성 교육이나 마인드 강화 프로그램이면 몰라도, 승진자 교육에는 적절하지 않다고 말씀드렸어요. 그러자 '시키는 대로 하라'는 말이 돌아왔죠. 너무 당황스럽고 화가 나서 '그럼 다른 팀원에게 맡기시는 게 좋겠습니다'라고 해버렸어요. 팀장님이 버럭 화를 내셨고, 제 태도를 지적하셨죠. 지금 생각하면 감정적으로 대응했던 것 같아요."

"물론 팀장님도 잘못하셨지만, 진행 상황을 중간중간 공유했으면 더 좋았을 거예요."

"그땐 제가 잘못한 게 없다고 생각했어요. 하지만 돌아보면 질문할 건 질문하고, 진행 과정을 보고했어야 했어요."

"맞아요. 물론 지시를 받은 사람도 책임이 있지만, 애초에 업무 지시를 명확하게 하지 않은 팀장 책임이 더 크죠. 요즘 직원들은 업무

지시를 받으면 '이걸요? 제가요? 왜요? 지금요?' 네 가지 질문을 던진다고들 하잖아요."

"요즘 직원들이 업무 지시에 더 민감하게 반응하는 이유가 뭘까요?"

"요즘 세대는 더 풍요로운 환경에서 성장했고, 치열한 경쟁을 거쳐 입사했어요. 그래서 목적과 의미, 명확성, 투명성, 공정성을 중시하는 경향이 강합니다. 학창 시절부터 학원 스케줄에 맞춰 생활하고, 시험 점수로 평가받는 구조에서 자랐기 때문이에요. 그런 환경에서 자란 이들은 명확한 평가 기준과 공정한 기회를 당연하게 여깁니다. 그리고 팬데믹 이후 디지털 도구와 원격 근무가 확대되면서, 더욱 명확한 업무 지침을 기대하는 것도 한몫하고 있죠."

"그렇군요. 투명하고 공정한 걸 중요하게 여기니까 업무 지시에도 더 민감하게 반응하는 거군요."

"그렇다고 볼 수 있어요. 업무 지시는 '이 일을 해라'가 아니라, 명확한 기대치를 설정하고 책임감을 부여하며, 더 나은 성과를 이끌어내는 의사소통 과정이어야 합니다. 한마디로, 리더가 스스로 행동하는 것처럼 직원이 행동하게 만드는 활동이죠."[39]

"리더가 스스로 행동하는 것처럼 직원이 행동하게 만든다는 말이 와닿네요. 하지만 이 말은 리더가 구성원에게 지시하기 전에 먼저 방향을 명확히 정리해 둬야 한다는 뜻이기도 하네요."

"그렇죠! 그런데도 많은 관리자들은 자신도 방향이 명확하지 않은 상태에서 업무를 지시하는 경우가 많아요. 그러니 직원들은 혼란스럽고, 지시받은 일을 제대로 해내기 어렵죠. 실제 직장인 4,000여 명을 대상으로 국내 기업의 업무 방식 실태를 조사했는데, 국내 관리

자들의 업무 방향성 점수가 100점 만점에 29.6점에 불과했어요. 결국, 업무를 목적과 방향 없이 주먹구구식으로 추진하고 있다는 의미죠."[40]

**리더가 명확하게
지시하지 않는 이유**

"맞아요. 조사 결과를 보면 그 팀장 같은 관리자들이 현업에 많다는 얘기죠. 피터 드러커는 '경영 문제의 60%는 커뮤니케이션 오류에서 비롯된다'고 했어요.[41] 결국 성과 문제는 커뮤니케이션 문제라는 거죠. 다니엘, 그런데 일부 관리자들은 왜 이렇게 중요한 업무 지시를 대충할까요?"

"관리자들이 업무 지시를 친절하게 하지 못하는 데는 몇 가지 이유가 있을 수 있을 것 같아요. 첫째, 시간에 쫓기거나 업무량이 많아 스트레스를 받으면서 말투나 태도가 거칠어질 수 있죠. 둘째, 스스로 방향을 명확히 잡지 못한 채 모호하거나 대충 지시를 내리는 경우도 있고요. 셋째, 중간관리자들이 상사로부터 명확한 지시를 받지 못해, 그 불분명한 지시를 그대로 팀원들에게 전달할 가능성도 있어요."

"다니엘이 말한 이유들 모두 일리 있어요. 특히 시간적 압박이나 업무 과중 같은 외부적인 요인은 리더의 지시 방식에 영향을 줄 수 있죠. 하지만 문제는 이런 상황적인 이유를 넘어서, 일부 리더들은 습관적으로 업무 지시를 대충 하는 경우가 있다는 겁니다. 이런 문제

는 상황의 탓만으로 돌릴 수는 없어요. 관리자는 자신의 상황뿐만 아니라, 업무 지시를 받는 직원들의 입장에서 생각해야 합니다.

리더가 '내가 지금 바쁘니까 어쩔 수 없어'라고만 생각하면, 업무 지시가 일관성을 잃고 결국 조직 전체의 효율성과 신뢰를 해칠 수 있어요. 이런 관점에서 보면, 리더가 업무 지시를 할 때 자신의 입장을 기준으로 삼는 것이 아니라, 지시를 받는 직원들이 제대로 이해하고 실행할 수 있는 방식인지 고민하는 태도가 필요해요. 이건 단순히 선택의 문제가 아니라, 리더라면 반드시 지켜야 할 하나의 규범이라고 생각해요.

그리고 이런 문제의 본질을 자기 인식 차원에서 한번쯤 깊게 생각해 볼 필요도 있어요. 리더가 업무 지시를 대충 하는 게 관행처럼 굳어진 건 아닌지, 또는 자신이 의도한 메시지가 팀원들에게 어떻게 받아들여지고 있는지 성찰하는 과정이 꼭 필요합니다."

"말씀하신 것처럼 관리자들의 업무 지시 스타일은 어느 정도 고정되어 있어서 쉽게 바뀌지 않는 것 같아요."

"리더의 비효과적인 행동이 바뀌지 않는 게 직원들에게 가장 힘든 일이에요. 다니엘이 이야기한 것 외에도 관리자들이 업무 지시를 대충하는 이유를 몇 가지로 설명할 수 있어요. 혹시, 권력 격차power distance라는 용어 들어보셨나요?"

"정확히는 모르지만, 조직에서 위계가 명확한 현상을 말하는 거 아닌가요?"

"맞아요. 좀 더 구체적으로 말하면, 권력 격차란 권력이 불균등하게 분배된 상태를 사람들이 얼마나 수용하고 받아들이는지를 나타내

는 개념이에요.[42] 권력 격차가 큰 조직에서는 상사와 부하 직원 간 위계질서가 뚜렷하고, 상급자가 더 많은 결정권을 행사하는 게 당연하게 여겨지죠. 이런 환경에서는 하급자가 상급자의 지시에 대해 질문하거나 반박하는 걸 꺼리게 돼요.

상급자는 반대로, '내가 그걸 하나하나 설명해야 하나? 알아서 해야지'라고 생각하면서 명확한 설명 없이 권위를 기반으로 명령을 내릴 가능성이 커요. 반면, 권력 격차가 작은 조직에서는 상사와 직원 간의 관계가 좀 더 수평적이어서 자유롭게 의견을 교환하고 협력하는 분위기가 만들어질 수 있죠."

"그렇다면, 권력 격차가 큰 조직에서는 상사가 업무 지시를 대충 해도 괜찮다고 생각할 가능성이 높겠네요. 그런데 리더십 스타일도 업무 지시 방식에 영향을 미치지 않나요? 특히 방임형 리더는 업무 지시를 대충하는 경향이 있잖아요. 직원들에게 자율성을 강조하지만, 사실상 관리 업무를 회피하거나 소통에 소홀한 경우를 종종 보게 되죠."

"중요한 점을 짚어주었네요. 방임형 리더는 세세한 지시가 자율성을 침해한다고 주장할 수도 있지만, 결과적으로 직원들을 더 힘들게 할 때가 많아요. 또, 업무 지시를 대충하는 이유 중 하나는 관성이론 Inertia Theory으로도 설명할 수 있어요. 조직 내 관성이란 기존의 방식이나 행동을 고수하려는 경향을 말해요. 과거에 업무 지시를 대충 해도 큰 문제가 없었기 때문에, 지금도 같은 방식으로 이어지는 거죠."

"관성이라는 게 업무 지시뿐만 아니라 조직 내 다양한 문제를 일으키는 원인 중 하나라는 생각이 드네요."

"맞아요. 그리고 업무 지시에도 필터링Filtering 같은 커뮤니케이션 오류가 개입되는 경우가 많아요. 필터링은 정보를 전달할 때 일부를 의도적으로 생략하거나 조정하는 걸 의미하는데, 이는 관리자들이 흔히 빠지는 함정이에요. 리더가 충분히 설명하지 않거나, 중요한 정보를 축소하거나 생략해서 전달하면 직원들은 혼란스러울 수밖에 없어요. 특히 관리자가 자신의 메시지가 어떻게 받아들여질지를 깊이 고민하지 않는다면, 필터링이 더 자주 발생할 수 있죠."

"관리자가 자신의 의사소통 방식을 성찰하면서 관성이나 필터링 문제를 스스로 인식하는 건 쉽지 않은 일이라고 생각합니다."

"리더십 수업을 시작할 때 자기 인식의 중요성을 강조했던 이유가 바로 그거예요. 리더가 스스로 완벽하지 않다는 걸 인정하고, 자신의 취약점을 솔직히 드러내면서 구성원들에게 업무 커뮤니케이션의 개선점에 대한 피드백을 요청하는 건 자기 인식을 높이는 효과적인 방법 중 하나예요."

"솔직히 구성원들에게 피드백을 요청하는 게 쉽지는 않겠지만, 정기적으로 피드백을 받을 수 있는 방안을 검토해 보려고 합니다."

"그럼, 관점을 바꿔서 생각해봅시다. 너무 당연한 이야기지만, 구성원들에게 업무 지시를 명확하고 친절하게 해야 하는 이유가 무엇일까요?"

"리더가 직접 실천하는 것처럼 구성원들도 행동하게 만들려면, 그렇게 해야 하는 거 아닐까요?"

"맞는 이야기예요. 그런데 왜 구성원들은 리더가 행동하는 것처럼, 또는 리더가 바라는 대로 행동하게 되는 걸까요? 이건 사회 교환 이

론Social Exchange Theory으로 설명할 수 있어요. 관리자가 업무를 명확하게 전달하고 필요한 정보를 충분히 제공하면, 직원들은 불필요한 걱정을 덜고 업무에 집중할 수 있어요. 그러면 '좋은 것을 받으면 좋은 것을 준다'는 호혜성의 원칙에 따라 리더의 기대에 맞춰 더 노력하게 되고, 자연스럽게 신뢰도 쌓이게 돼요."

"명확한 지시와 정보 제공이 업무 효율을 높이는 것뿐만 아니라, 리더와 직원 간의 신뢰를 쌓는 데도 중요한 역할을 하는군요."

"리더의 작은 행동 하나하나가 결국 직원들의 태도와 행동에 큰 영향을 미쳐요. 이런 점을 계속 염두에 두고 팀원들과의 소통과 업무 지시 방식을 개선해 나간다면, 다니엘의 리더십 효과성도 훨씬 높아질 거예요."

"또 하나, 업무 지시와 관련해서 중요한 개념이 업무 몰입 이론Work Engagemnet Theory이에요. 이미 학습해서 알겠지만 직원의 몰입도는 심리적 안전감, 의미성, 가용성이 충족될 때 더 높아진다고 하죠. 예를 들어, 직원이 업무 지시를 제대로 이해하지 못했을 때 질문을 자유롭게 할 수 있는 분위기를 만들어 심리적 안전감을 높이고, 업무의 중요성을 설명해서 의미성을 증가시키면서 필요한 정보를 충분히 제공하면 직원들은 주어진 업무에 더 몰입할 수 있겠죠."

"왜 루이스가 리더십에서 '노와이Know Why'를 이해하는 게 중요하다고 강조했는지 다시 한번 공감하게 돼요."

"이제 업무 지시를 효과적으로 하는 방법에 대해 이야기해 볼까요? 업무 지시를 할 때는 직원의 역량과 태도 뿐만 아니라 관계적인 부분도 고려해야 해요. 예를 들어, 협업이 중요한 업무를 관계 능력

이 부족한 직원에게 맡기면 원활하게 진행되지 않고 기대만큼의 성과를 내기 어려울 수 있어요."

"업무 지시할 때 관계적인 부분까지 생각해야 한다는 건 미처 생각하지 못했던 부분이네요."

"또한 리더는 업무 지시를 할 때 애매함이 없도록 구체적으로 전달해야 해요. 그리고 가능하면 제3자를 거치지 않고 직접 전달하는 게 좋아요. 임무의 목적, 목표 수준, 진행 방식, 마감 기한 같은 정보도 꼭 포함해야 하고요. 그리고 많은 리더들이 놓치는 부분이 있어요. 바로 예측과 실패에 대한 대비예요. 일을 하다 보면 예상치 못한 변수가 생길 수도 있고, 계획대로 되지 않을 수도 있죠. 그럴 때 어떻게 대응할지에 대한 가이드도 함께 이야기해 주는 게 좋아요."

"업무를 진행하면서 생길 수 있는 변수와 예상치 못한 상황에 대한 대응책을 미리 논의하는 건 직원 입장에서 정말 큰 도움이 될 것 같아요. 무엇보다 안심이 되겠네요."

03   효과적인 업무 지시를 위한
POWER 모델

"나는 업무 지시와 관련된 핵심 내용을 효과적으로 전달하는 방법을 연구한 끝에, 나만의 방법론을 찾았어요. 그게 바로 POWER 모델이에요.

P는 'Purpose'로, 업무의 궁극적인 목표와 이유를 명확히 설명하는 거예요.

O는 'Outline'인데, 업무의 개요와 추진 배경을 설명하는 부분이에요.

W는 'Work Scope'로, 업무의 범위와 담당자의 역할, 책임을 명확히 하는 거예요.

E는 'Expected Timeline'이에요. 일정과 납기를 언급하고, 업무의 주요 마일스톤과 최종 납기 일정을 제시하는 거죠.

마지막으로 R은 'Resource'인데, 업무 수행에 필요한 자원과 지원, 참고할 자료 등을 설명하는 거예요.

내가 신규 고객 관리 프로세스 개선 프로젝트에 대해 업무 지시를 한다고 가정하고, POWER 모델을 적용한 사례를 만들었어요."

Purpose	"이번 업무의 목적은 신규 고객 관리 프로세스를 개선해, 초기 고객 만족도를 높이고 고객 이탈률을 줄이는 것입니다. 이 작업은 우리 팀의 성과뿐 아니라 회사 전체의 장기적인 성장에도 중요한 영향을 미칠 것입니다."
Outline	"현재 신규 고객 관리 프로세스에서 반복적으로 발생하는 문제가 무엇인지 분석해 개선 방안을 제안하는 업무입니다. 최근 고객 설문조사 결과에서 초기 단계의 대응 속도와 안내 내용이 부족하다는 피드백을 받았고, 이를 바탕으로 이번 프로젝트를 진행하게 되었습니다."
Work Scope	"이번 업무에서 당신이 맡아야 할 역할은 다음과 같습니다. 1. 고객 불만 사례 30건을 분석하고 주요 원인을 도출합니다. 2. 경쟁사 고객 관리 프로세스를 조사하고, 이를 비교 분석합니다. 3. 개선 방안을 3가지로 정리해 제안서 형태로 제출합니다. 이 과정에서 다른 팀원들과 협력하며 필요한 자료를 공유받을 수 있습니다."
Expected Timeline	"업무 일정은 다음과 같습니다. 1. 1차 분석 결과: 다음 주 금요일까지 제출 2. 경쟁사 사례 조사: 2주 후 수요일까지 완료 3. 최종 개선안 제안서 제출: 한 달 뒤 월요일까지 제출. 이 일정에 맞춰 주간 단위로 진행 상황을 공유해 주세요."
Resource	"이번 업무를 수행하는 데 필요한 리소스는 다음과 같습니다. 1. 고객 불만 사례는 CRM 데이터베이스에서 가져올 수 있습니다. 상세한 접근 권한은 이미 설정해 두었습니다. 2. 경쟁사 자료는 마케팅팀에서 수집한 자료를 참고하거나 추가 조사가 필요하면 요청하세요. 3. 개선안 작성에는 기존 고객 관리 프로세스 매뉴얼이 도움이 될 것입니다. 필요하면 저나 팀의 다른 멤버들에게 추가 자료를 요청하세요. 궁금하거나 어려운 점이 생기면 언제든 저에게 알려 주세요."

"업무 지시를 할 때 POWER 모델을 사용하면 내용을 빠짐없이, 중복 없이 전달할 수 있겠네요. 제 생각에는 보고서를 작성하는 프레임워크로도 유용할 것 같아요."

04   업무 지시 오류를 줄이는
피드백 방법

"POWER 모델이 유용하다고 느낀다니 다행이에요. 그런데 리더가 업무 지시를 구체적이고 명확하게 전달하는 것만큼 중요한 게, 지시를 받은 사람이 이를 제대로 이해했는지 확인하는 과정이에요."

"업무 지시가 직원에게 잘 전달되었는지 확인하는 과정이 필요하다는 말씀이시군요?"

"맞아요. 예를 들어, 제가 다니엘과 원온원을 마치면, 다니엘이 시사점과 활용 계획을 정리해서 피드백 메일을 보내잖아요. 그러면 저는 그 메일을 통해 내가 내용을 잘 전달했는지, 그리고 다니엘이 이를 정확히 이해했는지 확인할 수 있어요.

하지만 대부분의 관리자는 메시지를 전달한 뒤 '질문 있어요?'라고 묻고 끝내요. 상대방이 질문을 하지 않으면, 이를 이해하거나 수용한 것으로 착각하죠. 문제는 대부분의 직원들이 질문을 잘 하지 않는다는 거예요. 다니엘은 직원들이 왜 질문을 잘 하지 않는다고 생각하나요?"

"업무 지시를 받은 사람이 충분히 이해해서 질문을 하지 않는 경

우도 있지만, 더 많은 경우에는 질문을 하면 리더가 자신을 이해력이 부족하거나 센스가 없는 사람으로 생각할까 봐 꺼리는 것 같아요."

"맞아요. 특히 권력 격차가 큰 조직문화에서는 이런 현상이 자주 나타나요. 아시아권처럼 질문을 하면 상사의 의견에 동의하지 않는 다는 인식이 생길 수 있는 문화에서는 직원들이 질문을 더 주저하죠. 실제로 한 조사에 따르면, 수직적 권위 문화에서 발언하려면 용기가 필요하다는 응답이 많았어요. 조사 대상자의 65.4%가 상사에게 자신의 생각을 이야기하거나 질문하는 것이 부담된다고 답했고, 59.8%는 지시 내용이 불분명할 경우 주변을 통해 정보를 파악해 짐작한다고 하니, 참 안타까운 현실이에요.[43]

이런 문제를 해결하려면 관리자가 직원들에게 업무 지시 후 심리적 안전감을 제공해서 편안하게 질문할 수 있는 환경을 만들어야 해요. 또한, 재표현을 통해 지시를 받은 사람이 내용을 제대로 이해했는지 확인하는 것도 중요해요."

"재표현이라면 지시를 받은 사람이 이해한 내용을 정리해서 다시 말해보게 한다는 뜻인가요?"

"네, 맞아요. 재표현은 서로의 대화 내용이 일치하는지 확인하는 중요한 커뮤니케이션 스킬이에요."

"그런데 대부분의 리더는 업무 지시를 한 후 직원에게 재표현을 요청하는 데 익숙하지 않은 것 같아요. 제 경험상, 그런 스킬이 몸에 배어 있지 않을 뿐만 아니라, 기껏 요청한다고 해도 '내가 한 말이 무슨 뜻인지 알지?' '그 정도는 알겠지?' 같은 말을 해서 오히려 직원이 대답하기 어렵게 만들 때가 많았어요."

"맞아요. 심지어는 '내가 뭐라고 얘기했는지 다시 이야기해봐. 나중에 딴소리 하지 말고'처럼 직원의 자존심을 건드리는 방식으로 재표현을 요구하기도 하죠. 이런 태도는 오히려 역효과를 낼 뿐이에요.

재표현을 요청할 때는 상대의 취약점이나 문제를 지적하기보다는, 자존감을 높여주는 표현을 사용하는 게 중요해요. 예를 들어 이렇게 말할 수 있어요.

'다니엘, 오늘 업무 지시에 대해 이야기 나눴는데요. 앞으로 어떻게 진행할 계획인지 한번 이야기해 줄래요? 내가 잘 설명했는지 확인해 보고 싶어서요.' 이런 방식은 상대를 존중하고, 편안한 분위기에서 대화를 이어갈 수 있게 해줘요."

"그러네요. 제가 잘 이해하지 못했어도 편안하게 얘기할 수 있을 것 같아요."

"좋아요. 오늘은 여기까지 이야기하고 마무리할게요. 다음 세션에서는 관리 기법 중 하나인 '통제'에 대해 이야기 나눠보려고 해요."

업무 지시는 직원들에게 명확한 방향과 동기를 부여하는 중요한
관리 도구임을 깊이 이해하게 되었습니다. 리더의 말 한마디가 직원
들의 몰입도와 신뢰 형성에 큰 영향을 미친다는 것을 다시 한번 실감
했습니다.

1. **업무 지시는 명확성과 자율성을 균형 있게 담아야 한다:** 명확한 방
   향을 제시하되, 직원들이 자발적으로 몰입할 수 있도록 돕는 과정이
   중요합니다.
2. **심리적 안전감이 신뢰를 만든다:** 질문 유도를 넘어 직원들이 편하게
   의견을 나눌 수 있는 환경을 조성하는 것이 필수적입니다.
3. **리더는 권위보다 공감을 기반으로 소통해야 한다:** 직원들의 입장에
   서 바라보고, 업무 지시가 부담이 아닌 협력의 과정이 되도록 해야
   합니다.

이러한 배움을 실천하기 위해,

1. POWER 모델을 활용해 업무 지시를 보다 명확하고 구체적으로 전
   달하겠습니다.
2. 팀원들에게 심리적 안전감을 제공하여, 자유롭게 질문하고 논의할
   수 있는 분위기를 만들겠습니다.

3. 권위적인 태도를 내려놓고, 상호 존중하는 문화를 조성하겠습니다.

어제의 대화를 통해 업무 지시에 대한 새로운 시각을 가지게 되었고, 앞으로 더 단단한 리더십을 만들어갈 수 있을 것 같습니다.

다니엘 드림

업무 지시의 개념

- 명확한 기대치를 설정하고 책임감을 부여하고, 더 나은 성과를 이끌 어내는 의사소통 과정
- 리더가 스스로 행동하는 것처럼 직원이 행동하게 만드는 활동

리더가 업무 지시를 대충하는 이유

- 권력 격차power distance가 클 때
- 방임형 리더십 스타일
- 관성inertia
- 커뮤니케이션 오류필터링

업무 지시를 구체적이고 명확하게 해야 되는 이유

- 사회교환 이론: 호혜성의 원칙
- 업무 몰입: 심리적 안전감, 의미성, 가용성

업무 지시의 효과적인 방법

- 직원의 역량과 태도와 관계적 측면 고려
- 명확하게, 다른 해석이 없도록, 구체적으로
- 제3자를 거치지 않고 직접

효과적인 업무 지시 단계

업무 지시 POWER 모델

- • P Purpose: 업무의 궁극적인 목표와 이유

- • O Outline: 업무 개요와 추진 배경

- • W Work Scope: 업무 범위와 담당자의 역할, 책임

- • E Expected Timeline: 업무의 주요 마일스톤과 최종 납기 일정

- • R'Resource: 업무 수행에 필요한 자원과 지원, 참고할 자료 설명

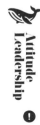

3   성과를 바로잡는 기술:
통제와 자율의 균형

통제는 종종 부정적인 인식을 동반하지만, 리더십에 있어 필수적인 관리 활동이자 목표 달성을 위한 핵심 과정이다. 효과적인 통제는 지시나 규제를 넘어 팀의 방향을 명확히 설정하고, 계획을 실현하는 점검과 조정의 도구이다. 그러나 많은 리더들은 통제가 직원들에게 미치는 영향을 충분히 고려하지 못한 채, 과도한 개입으로 자율성을 억압하거나, 방임에 가까운 부족한 관리로 팀의 성과를 저하시킨다. 그렇다면, 통제란 무엇이며, 이를 어떻게 효과적으로 활용할 수 있을까?

이 장에서는 통제의 개념과 중요성을 탐구하며, 이를 효과적으로 실행하는 세 가지 단계와 실제 사례를 소개한다. 특히, 과도한 통제와 방임의 문제점을 비교하고, 균형을 유지하는 리더의 역할을 구체적으로 살펴본다. 또한, 통제가 조직의 효율성을 높이는 동시에 직원 만족도를 향상시키는 과정에 주목하며, 목표와 계획에 대한 공감을 이끌어 자발적 협력을 촉진하는 전략을 제시한다. 관리 행위를 넘어, 통제를 조직의 성과 향상과 팀원 성장의 핵심 리더십 역량으로 바라

보고, 이를 실천하는 방법을 심도 있게 다룬다.

01 통제는 리더십의 필수 요소

"다니엘, '통제'라는 단어를 들으면 어떤 느낌이 드나요?"

"자율이라는 개념이 강조되는 시대여서인지, 통제는 뭔가 직원들의 자율성을 억압하는 것처럼 들려요. 왠지 시대 흐름에 맞지 않는 것 같기도 하고요."

"그렇다면 통제는 필요할까요, 아니면 불필요할까요?"

"필요하다고 생각해요. 다만 통제가 지나치면 문제가 되는 것 같아요. 그리고 리더가 통제를 어떻게 하느냐보다, 직원들이 그것을 어떻게 받아들이느냐가 더 중요하다고 느껴요."

"다니엘이 말한 부분이 리더십 전반을 관통하는 핵심 메시지예요. 결국, 리더십의 효과는 리더가 어떤 행동을 하느냐보다, 그것이 직원들에게 어떻게 인식되느냐에 달려 있으니까요. 통제는 특히 업무 관리 측면에서 지시와 밀접하게 연결되어 있어요. 계획을 세우고 실행하는 과정에서 방향을 설정하는 것이 통제의 출발점이죠.

예를 들어, 마라톤 대회를 준비한다고 가정해 볼까요? 우선 완주를 목표로 훈련 계획을 세우고, 몇 시에 연습을 시작할지, 어떤 코스

를 달릴지, 훈련 기간 동안 목표 거리와 속도를 어떻게 조정할지 정하는 것이 필요해요. 훈련을 하면서도 계획대로 진행되고 있는지 점검하고, 예상보다 체력이 빨리 소진되거나 날씨 등의 변수가 생기면 속도를 조절하거나 훈련 방법을 수정하겠죠. 이처럼 통제는 목표를 달성하기 위해 진행 상황을 점검하고 필요할 때 계획을 조정하면서 올바른 방향으로 나아가도록 하는 과정이에요.

결국, 통제는 목표를 이루기 위한 필수적인 활동이에요. 계획한 노력을 지속하고, 변화하는 상황에 유연하게 대응하며, 방향이 어긋날 때 신속히 조정할 수 있도록 돕죠. 또한, 낭비와 비효율을 줄이고 조직이 효과적으로 목표를 달성할 수 있도록 하는 중요한 관리 활동이기도 해요."

"통제의 의미를 다시 생각해 보니, 리더십에서 정말 중요한 역할을 하는 것 같아요."

"맞아요. 사실 '통제'라는 단어가 주는 뉘앙스 때문에 부정적으로 느껴질 수 있지만, 실상은 조직 관리에서 중요한 역할을 해요. 다니엘, 혹시 본인이 경험했던 리더의 통제 사례 중 떠오르는 게 있나요?"

"팀원의 성과가 영업팀장님의 기대에 미치지 못했을 때 면담을 진행한 적이 있어요. 그런데 대부분의 면담이 질책에 머물러 있었고, '정신 차리라'는 메시지를 전달하는 데 그쳤던 것 같아요."

"방금 이야기한 사례도 통제의 한 형태예요. 하지만 효과적인 통제는 지적을 넘어, 직원과의 대화 속에서 문제를 해결할 수 있도록 방향을 잡아주는 것이어야 해요. 가장 중요한 것은 관리자가 막연한

추측을 가지고 추궁하는 것이 아니라, 사실을 기반으로 접근하는 거예요. 그래서 통제의 첫 단계는 정확한 정보를 파악하는 것이죠. 해당 업무를 조사하고 관찰하며, 필요한 경우 구체적인 측정과 점검을 통해 데이터를 확보하는 과정이 필수적이에요."

"결국 사실을 기반으로 하는 것이 핵심이군요."

02 효과적인 통제의 3단계

"맞아요. 통제는 개입을 넘어 조직이 목표를 달성하도록 돕는 중요한 과정이에요. 통제의 첫 번째 단계는 사실을 파악하는 것이고, 두 번째 단계는 그 사실을 기준과 비교하여 평가하는 과정이에요. 여기서 기준이란 사전에 정해진 목표나 기대치일 수도 있고, 조직의 핵심 가치나 성과 목표일 수도 있어요. 세 번째 단계는 계획과 목표대로 업무가 원활하게 진행되도록 조치하고 보완하는 과정이에요. 이를 위해 리더는 상황을 점검하고, 필요한 경우 방향을 조정하거나 계획을 수정하기도 하죠."

"구체적인 예를 들어주실 수 있나요?"

"이해를 돕기 위해 HRD 부서에서 교육 과정을 운영할 때 어떻게 통제를 적용하는지 예시를 준비했어요. 잠시 읽어보고, 어떤 점이 와닿는지 이야기 나눠볼까요?"

조직 목표 달성을 위한 효과적인 통제의 3단계

1단계 사실파악	현재 교육의 효과성을 정확히 파악한다. 교육 프로그램에 대한 조사를 통해 효과와 문제점을 확인한다. • 교육 프로그램 참석률 조사 • 교육 대상자의 학습 성과 점검 • 설문조사를 통한 만족도 평가
2단계 사실 비교 검토 평가	파악한 사실을 기준과 비교하여 검토하고 평가하는 단계이다. 교육의 목표와 프로그램 계획에 비춰 실제 결과를 분석한다. • 목표했던 참석률(예: 90%)과 실제 참석률 비교 • 학습 목표 달성 여부와 결과 간격 분석 • 설문 만족도 점수를 기대치(예: 4.5/5)와 비교
3단계 보완과 지도	파악된 문제에 대한 해결책을 실행하여 교육 프로그램의 효과를 높인다. • 참석률이 낮다면 홍보나 스케줄 조정을 통해 개선 • 학습 성과가 기대에 미치지 못할 경우 강의 방식이나 자료 수정 • 만족도 낮은 부분에 대한 피드백 반영 및 강사 보완

"통제는 사실 파악, 기준 비교, 그리고 보완 및 개선의 세 단계를 통해 진행돼요. 이 과정을 거치면 조직이 목표와 계획에 맞춰 효율적으로 운영될 수 있어요."

"말씀을 듣고 나니 통제라는 개념이 훨씬 명확해졌어요. 특히 사실을 기반으로 시작해서 조치하는 과정이 매우 체계적이라는 점이 인상적이네요."

"통제의 세 가지 단계를 팀 관리에 적용해 보면 어떨까요? 실질적인 변화를 이끌어낼 수 있을 거예요. 하지만 통제는 양날의 검과 같아서 너무 부족하거나 지나칠 경우 오히려 부작용이 생길 수 있죠. 다니엘은 통제가 부족하면 어떤 문제가 생길 것 같나요?"

"직원들이 규칙을 무시할 수도 있고, 업무가 계획대로 진행되지 않아 지연될 수도 있을 것 같아요."

"그뿐만 아니라, 문제나 업무상의 실수가 발생할 가능성이 커지고 팀의 효율성도 떨어질 수 있어요. 그렇다면 반대로 통제가 과도하면 어떤 일이 벌어질까요?"

"아무래도 직원들의 자발성과 적극성이 줄어들 것 같아요. 그러다 보면 의견이나 제안도 점점 줄어들고, 창의적인 시도가 사라질 수도 있겠네요."

"통제의 방식과 강도는 리더십의 중요한 요소예요. 지나친 통제는 직원들을 소극적으로 만들고, 조직 분위기를 경직되게 만들죠. 리더는 자신의 통제 방식이 적절한지 스스로 점검하는 과정이 필요해요.

다니엘은 통제가 과도하거나 부족한 경우, 이를 어떻게 알아차릴 수 있을 것 같나요?"

"팀 분위기가 좋은 지표가 될 것 같아요. 예전에 제 입사 동기가 있던 부서는 퇴근 시간이 지나도 관리자 눈치를 보느라 아무도 먼저 자리에서 일어나지 못했어요. 특별한 업무가 있는 것도 아니었는데 말이죠. 그런데 관리자가 자리를 비우면 직원들 분위기가 달라지면서 대화가 많아지고 표정도 밝아졌어요. 이런 걸 보면 통제의 정도가 팀의 활력에도 영향을 주는 것 같아요."

"충분히 이해돼요. 부서 분위기나 직원들의 반응은 좋은 판단 기준이 될 수 있지만, 더 구체적으로 통제의 적절성을 평가하는 몇 가지 지표도 있어요. 이를 통해 조직의 관리 방식을 점검하고 필요한 조치를 취할 수 있어요.

첫 번째는 의사결정 속도와 신속성이에요. 통제가 지나치면 모든 결정이 관리자에게 의존되면서 진행 속도가 느려지고, 문제 해결이 지연될 수 있어요. 반면 통제가 부족하면 직원들이 각자 판단해 업무를 진행하면서 방향이 엇갈려 목표 달성이 어려워질 수 있죠.

두 번째는 직원의 창의성과 자율성이에요. 통제가 강하면 직원들이 주어진 지침만 따르려 하고, 새로운 아이디어를 제안하는 일이 줄어들어요. 반면, 통제가 부족하면 자율성이 지나치게 강조되면서 팀워크가 약해지거나 업무의 일관성이 부족해질 수 있어요.

세 번째는 목표 달성률과 성과예요. 과도한 통제는 관리자 지시에 맞춰 업무가 진행되지만, 직원들이 동기를 잃거나 스스로 성과를 만들어내려는 의지가 약해질 수 있어요. 반대로 통제가 부족하면 성과

목표가 흐려지고, 피드백이 부족해 직원들이 방향을 잡기 어려워질 수도 있어요.

네 번째는 직원 만족도와 이직률이에요. 통제가 강하면 직원들은 스트레스를 받고 몰입도가 떨어지면서 이직을 고려할 가능성이 높아져요. 반대로 통제가 부족하면 관리자의 지원이 부족하다고 느끼면서 불안해하고, 조직의 방향성이 흐려지는 데 대한 불만이 커질 수 있어요.

다섯 번째는 커뮤니케이션의 빈도와 질이에요. 과도한 통제는 관리자가 일방적으로 지시를 내리는 방식이 많아지면서 팀 내 대화가 줄어들고, 피드백을 수용하는 문화도 사라질 수 있어요. 반면, 통제가 부족하면 직원들이 혼란을 느끼고, 협업이 원활하지 않아 조직의 응집력이 약해질 수 있죠.

마지막으로 업무 목표와 규칙 준수 여부예요. 통제가 강하면 직원들이 목표 달성에 대한 압박을 느끼고, 규칙 위반에 대한 부담이 커질 수 있어요. 반대로 통제가 부족하면 목표 관리가 흐트러지고, 직원들이 절차와 규정을 무시할 가능성이 높아질 수 있어요."

"결국, 통제는 균형이 중요하군요. 부족해도 문제고, 지나쳐도 문제라는 걸 다시 한번 느끼게 됐어요."

"맞아요, 다니엘. 리더는 조직의 특성과 직원들의 성향을 고려해 적절한 수준의 통제를 유지해야 해요. 그렇지 않으면 팀의 역량을 온전히 발휘하기 어렵죠. 통제는 조직의 목표를 효과적으로 관리하고 긍정적인 일하는 문화를 조성하는 데 중요한 역할을 합니다. 이는 리더십의 핵심 요소로, 팀의 성과와 발전을 지원하는 데 필수적입니다."

"결국 리더는 직원들의 태도를 세심하게 살피면서 통제 수준을 조절하고 균형을 맞추는 노력이 필요하다는 말씀이시죠. 그렇다면 통제를 효과적으로 활용하려면 어떤 방법이 있을까요?"

"먼저, 통제는 과하거나 부족할 때 모두 문제를 일으킬 수 있다는 점을 항상 인식해야 해요. 지나치게 통제가 강하면 직원들은 의욕을 잃고, 반대로 너무 느슨하면 조직이 방향성을 잃을 수도 있죠."

"그럼 균형을 맞추기 위해서는 어떤 노력이 필요할까요?"

"무엇보다도 중요한 건 통제를 위한 통제에 빠지지 않는 거예요. 리더로서 스스로를 점검하고, 내가 통제를 지나치게 하고 있지는 않은지, 혹은 방임하고 있지는 않은지 꾸준히 살펴봐야 해요."

"자기 점검이 필요하다는 말씀이군요."

"맞아요. 통제 이전에 직원들이 목표를 충분히 이해하고, 그 목표에 공감하면서 자발적으로 몰입할 수 있도록 환경을 조성하는 것이 중요해요. 직원들이 스스로 계획을 세우고, 그에 대한 책임감을 느끼는 조직문화가 만들어진다면 통제는 최소한의 개입으로도 충분한 효과를 낼 수 있어요."

"결국 통제는 꼭 필요하지만, 그 필요성을 줄이는 리더십이 먼저 갖춰져야 한다는 말씀이시죠? 또한, 문제가 커지기 전에 미리 감지하고 조기에 관리하는 것이 중요하겠네요."

"정확해요. 직원들이 통제를 잘 받아들이려면 리더가 객관성을 유지해야 해요. 효과적인 통제는 직감이나 주관적인 판단을 초월해, 명확한 데이터와 사실에 기반해야 합니다. 이를 위해서는 계획을 수립할 때부터 변화와 변수를 예측하고, 업무 진행 과정에서 평가할 기준

을 미리 마련해야 해요."

"요약하자면, 팀이 성과를 달성하기 위해 효율적인 계획을 수립하고, 그 계획에 맞춰 업무를 지시하며, 진행 상황을 적절히 통제하는 것이 리더의 핵심 역할이라는 거군요."

"바로 그거예요. 리더는 지시와 통제를 통해 직원들에게 기대하는 태도와 결과를 명확히 설정하고, 그에 맞춰 통제를 활용해야 해요."

"리더십 교육에서는 보통 직원들의 참여와 자율성을 강조하는 경우가 많았는데, 오늘 대화를 통해 관리와 통제가 얼마나 중요한지 다시 한번 생각해 보게 됐어요."

"나도 같은 생각이에요. 배우는 것만큼 가르치는 것이 최고의 학습이라고 하잖아요. 오늘 다니엘과 이야기하면서 나 역시 내가 잘하고 있는지 돌아보게 됐어요. 다니엘, 혹시 내가 통제를 너무 강하게 하거나 부족하게 한다고 느껴지면 꼭 피드백 주세요."

통제가 규제를 넘어 조직의 목표 달성과 균형을 위한 필수적인 관리 활동임을 깊이 깨달았습니다. 특히, 사실 기반 문제 파악 → 객관적 기준과 비교 → 보완 및 개선이라는 통제의 세 가지 핵심 과정이 인상적이었습니다.

1. 통제의 균형이 중요하다.
2. 과도한 통제는 직원들의 의욕과 창의성을 억제하고, 부족한 통제는 조직의 방향성을 흐리게 한다.
3. 리더는 데이터를 기반으로 적절한 수준에서 균형을 조정하는 역할을 해야 한다.

이 배움을 실천하기 위해 다음과 같이 노력하려 합니다.

1. 객관적인 데이터와 기준을 활용해 업무 진행 상황을 평가하는 체계를 마련하겠습니다.
2. 통제가 성장과 효율성을 위한 것임을 팀원들에게 명확히 전달하고, 피드백을 적극 반영하겠습니다.
3. 조직 분위기와 성과 지표를 지속적으로 점검하며, 필요할 때 유연하게 조정하겠습니다.

리더십은 방향을 제시하는 것뿐만 아니라, 그 방향이 팀원들에게

의미 있게 전달되도록 돕는 것이라는 점을 다시 한번 되새기게 되었습니다.

다니엘 드림

핵심
KEYWORD

통제의 정의

기준과 실적을 비교, 검토하여 목표가 달성되도록 대책을 취하는 것

통제의 목적

- 목표 달성을 위해
- 목표 달성에 필요한 노력을 하기 위해
- 보다 적당한 목표를 세우고 좋은 계획을 수립하기 위해
- 목표 달성에서 일탈된 행동 궤도의 수정을 위해

통제의 적절성

요소	과잉 통제	부족한 통제
의사결정 속도	관리자 의존으로 결정이 지연됨	직원이 독단적으로 결정, 업무 방향 불일치
창의성과 자율성	새로운 아이디어 억제	자율성이 지나쳐 업무 일관성과 방향성 부족
목표 달성률	목표 달성은 가능하지만 동기부여와 자신감 저하	목표 달성 실패 및 성과 관리 부재
직원 만족도	스트레스 증가, 이직률 상승	관리자의 지원 부족으로 불안감 증가, 이직 고려
커뮤니케이션	일방적 지시, 팀 소통 부족	방향 상실, 협업 약화
규칙 및 목표 준수	지나친 규정 강조로 부담감 초래	규정 무시, 목표에 대한 피드백 부족

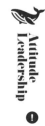

4 주인의식과 책임감을 키우는 법: 책임감을 내재화하는 전략

직원의 심리적 소유감은 조직 성과와 책임감에 직접적인 영향을 미치며, 몰입과 자발적 동기부여로 이어진다. 그러나 많은 리더들은 '주인의식을 가져라'는 추상적 요구만 반복하며, 직원들이 그런 태도를 형성하는 데 필요한 리더의 역할을 간과하고 있다.

이 장에서는 심리적 소유감의 개념과 중요성을 탐구하고, 이를 촉진하는 리더십 전략을 제시한다. 특히 효능감, 자아정체성, 소속감이라는 세 가지 핵심 요소를 중심으로, 직원들이 조직과 업무를 '자신의 것'처럼 느낄 수 있도록 돕는 방법을 살펴본다. 또한 실제 사례를 통해 심리적 소유감이 형성되는 과정과 리더의 역할을 구체적으로 분석하며, 자율성과 책임감을 높여 긍정적인 조직문화를 조성하는 실천적 방안을 제시한다. 이를 통해 심리적 소유감을 기반으로 한 몰입과 성과 향상을 위한 전략을 모색한다.

01 책임감을 높이는 리더십 전략

　"저도 막상 팀장이 되고 나니 팀원들에게 책임감을 가지라고 꼰대 같은 말을 하게 되고, 굳이 지시하지 않아도 스스로 잘 해주길 바라는 마음이 생기더라고요."

　"다니엘, 직원들이 책임감을 가지고 주도적으로 업무를 수행한다면 리더가 필요 없지 않겠어요? 리더가 '책임감을 가져라'라고 말한다고 해서 직원들이 갑자기 책임감을 가지는 건 아니잖아요."

　"그렇긴 하죠. 그런데 책임감이라는게 개인의 타고난 성향일까요, 아니면 환경이나 리더의 영향으로 변할 수 있는 걸까요?"

　"책임감은 개인의 성향뿐만 아니라, 조직 환경과 리더십 스타일의 영향을 받는 다차원적인 요소예요. 예를 들어, 성실성은 책임감과 밀접하게 연결된 성격 특성이죠. 성실성이 높은 사람들은 스스로 높은 기준을 설정하고, 주어진 일에 자발적으로 책임감을 느끼는 경향이 있어요."

　"그래서 우리 회사가 신입 사원을 선발할 때 성격 유형 검사를 활용하는 거군요. 성실성과 같은 특성을 평가하는 과정의 일부라고 볼

수 있겠네요."

"그렇죠. 하지만 책임감은 개인의 특성에만 의존하는 게 아니에요. 리더는 직원들이 더 큰 책임감을 느낄 수 있도록 중요한 역할을 할 수 있어요. 그렇다면 직원들의 책임감을 높이려면 리더는 어떤 노력을 해야 할까요?"

"루이스가 예전에 업무 몰입과 관련된 세 가지 개인의 욕구 중 의미성을 설명하셨을 때, 업무의 자율성이 높을수록 책임감도 자연스럽게 높아진다고 하셨던 게 기억나요."

"맞아요. 리더가 직원들의 책임감을 높이는 방법은 자율성을 부여하는 것뿐만 아니라, 명확한 기대치를 설정하고, 신뢰를 보내고, 피드백을 제공하고, 스스로 책임감 있는 모습을 보이는 것 등이 있어요.

첫째, 리더가 명확한 목표와 기대치를 제시하면, 팀원들은 자신이 무엇을 해야 하는지 분명히 이해할 수 있어요. 역할이 명확해질수록 책임감도 자연스럽게 따라오죠. 업무 지시를 POWER 모델에 따라 해야 하는 것도 같은 이유예요. 목표와 기대치가 불분명한 상황에서는 책임감을 가지기 어렵잖아요.

둘째, 신뢰와 지원이 중요해요. 리더가 팀원들에게 신뢰를 보내고, 필요한 지원을 아끼지 않을 때, 팀원들은 자신이 중요한 역할을 하고 있다는 느낌을 받게 돼요. 이에 따라 책임감도 더 커지겠죠. 갤럽 연구에 따르면, 리더와 신뢰 수준이 높은 팀원일수록 몰입도가 높고, 책임감도 강하다고 해요.

셋째, 피드백도 큰 영향을 미쳐요. 긍정적인 피드백은 직원들에게 동기를 부여하고, 개선이 필요한 부분에 대한 피드백은 자신의 역할

을 더 깊이 고민하도록 만들어 책임감을 더욱 강화해요.

마지막으로, 리더가 스스로 책임감 있는 태도를 보이는 것이 중요해요. 사회학습 이론에서 말하는 것처럼, 직원들은 리더의 행동을 보고 배우거든요. 리더가 먼저 책임감 있는 모습을 보이면, 자연스럽게 팀원들도 그 태도를 따라가게 돼요.

결국, 책임감은 개인의 성향이 아니라, 환경과 리더의 행동에 의해 더욱 강화될 수 있어요. 다니엘이 이 부분을 잘 활용하면, 팀원들의 태도도 자연스럽게 변화할 거예요."

02 책임감과 주인의식을 높이는 심리적 소유감

"책임감에 영향을 주는 또 다른 요소에 대해 이야기해 볼까요? 직장에서 '주인의식을 가져야 한다'는 말을 들어본 적 있나요?"

"연수원에서 근무할 때 원장님께서 주인의식을 강조하셨죠. 연수원과 관련된 일이면 누구나 해야 한다고 말씀하셨고, 심지어 외주 업체가 해야 할 일까지 직원들에게 맡기기도 하셨어요. 하지만 직원들은 '왜 우리가 외주 업체의 일까지 해야 하죠?'라며 불만을 가졌고, 결국 지시받은 업무도 소극적으로 수행할 수밖에 없었어요.

그때 직원들끼리 '주인의식은 주인을 의식하는 거 아니야? 우리는 주인이 아니잖아!' 같은 농담을 했던 기억이 나요."

"'주인의식은 주인을 의식하는 것'이라니, 재치 있는 말이네요. 직원들에게 주인의식을 가지라고 말로만 강조하는 것은 현실적이지 않아요. 주인의식은 지시를 넘어, 직원들이 자신의 경험과 욕구를 통해 자연스럽게 형성되는 것이에요."

"결국, 리더가 환경을 조성하는 것이 중요하다는 말씀이군요?"

"맞아요. 직원들이 자연스럽게 주인의식을 느낄 수 있도록 환경과

조건을 만드는 것이 더 효과적이에요. 리더가 직원들에게 신뢰를 보내고, 그들이 의미 있는 기여를 할 수 있도록 역할을 부여할 때, 책임감도 함께 형성됩니다. 주인의식은 강요한다고 생기는 것이 아니라, 경험을 통해 자리 잡는 것이니까요.

심리적 소유감Psychological Ownership은 개인이 조직, 업무, 아이디어를 마치 자신의 것처럼 느끼는 심리적 상태를 의미해요.[44] 실질적인 소유 여부와 관계없이 사람들은 이러한 감정을 자연스럽게 경험하기 때문에, 이는 인간의 본능적인 욕구와 깊이 연결되어 있거든요. 따라서 주인의식을 강조하는 것으로는 충분하지 않고, 자연스럽게 형성될 수 있는 환경을 조성하는 것이 중요해요.

다니엘, 사무실에서 본인이 사용하던 노트북이 보이지 않는다면 팀원에게 뭐라고 말할 것 같나요?"

"'책상 위에 있던 내 노트북 못 봤어요?'라고 물어보겠죠."

"방금 '내 노트북'이라고 했지만, 사실 그 노트북은 회사 소유물이잖아요. 이처럼 사람들은 특정 대상을 자신의 일부처럼 여기기도 합니다. 이것이 바로 심리적 소유감이죠. 이러한 감정은 세 가지 본원적인 욕구와 연결되어 있어요.

첫째, 효능감과 유효성이에요. 효능감은 개인이 자신의 행동을 통해 원하는 결과를 만들어낼 수 있다는 믿음이고, 유효성은 그 행동이 환경에 실제로 영향을 미친다는 인식이에요. 이 두 가지가 충족될 때 사람들은 특정 대상이나 상황을 더욱 '내 것'으로 여기게 되죠. 다니엘, 현업 경험에서 비슷한 사례가 떠오르나요?"

"예를 들어, 팀원이 프로젝트에서 주도적인 역할을 맡아 중요한

결정을 내리고 성공적인 결과를 얻었다면, 본인이 그 프로젝트를 주도했다고 느낄 것 같아요. 자신의 노력으로 성취한 결과라는 효능감과 유효성이 충족되었기 때문이죠."

"맞아요. 둘째는 자아정체성이에요. 사람들은 자신을 표현하거나 정체성과 연결되는 대상에 대해 소유감을 느낍니다. 이 대상은 역할, 성과, 창작물, 직업 등 다양한 형태로 나타날 수 있죠. 예를 들어, HRD 담당자가 오랜 시간 고민하며 설계한 교육 프로그램을 자신의 일부라고 여기거나, 한 기업에 오랜 기간 헌신한 사람이 회사의 성공과 실패를 자신의 것으로 받아들이는 것도 같은 맥락이에요."

"저도 여러 직무를 경험했지만, HRD 업무를 할 때 더 많은 시간과 노력을 들였고, 그래서 더 큰 애착을 느꼈던 것 같아요."

"그럴 수 있죠. 예전에 다니엘의 상사를 우연히 만났는데, 인재개발팀에서 근무할 때 열정적으로 일했고 책임감이 강했다고 칭찬하더군요.

셋째는 장소에 대한 소유감이에요. 이는 물리적 공간뿐만 아니라 심리적 공간이나 사회적 관계에서의 소속감을 포함하는 개념이에요. 개인이 자신의 업무 환경에서 편안함과 안정감을 느끼면 그 공간을 '내 소유'라고 여기게 되고, 조직 내에서 중요한 역할을 맡고 있다고 인식하면 그 역할을 자신의 것으로 받아들이죠. 조직에서 인정받고 안정적인 위치를 가질 때 직원들은 심리적 소유감을 더욱 강하게 느낍니다."

"말씀을 듣고 보니, 개인이 역할이든 조직이든 심리적·물리적으로 많은 에너지와 시간을 투자할수록 더 높은 소유감을 느끼는 것 같아

요. 예전에 현장 영업조직에서 일할 때 영업팀장님이 주말마다 사무실에 나와 편안하게 일하시던 모습이 떠오르네요. 아마 그분은 사무실에 대한 소유감을 더 많이 느낀 것 같아요."

"하지만 반드시 많은 시간을 투자해야만 소유감이 형성되는 것은 아니에요. 신입 사원도 적절한 지원을 받고 환영 받는 느낌을 가지면 소유감이 높아질 수 있죠. 중요한 프로젝트에 참여하며 자신의 역할을 인식하고, 동료들의 지지와 긍정적인 피드백을 받을 때 조직에 대한 소속감이 더 빠르게 형성될 수 있습니다."

03 심리적 소유감을 높이는 방법

"그렇다면 제가 팀원들의 심리적 소유감을 높이기 위해 할 수 있는 구체적인 행동들은 무엇이 있을까요? 좀 더 구체적으로 듣고 싶습니다."

"아주 중요한 질문이에요. 리더십의 관점에서 보면 심리적 소유감을 형성하는 세 가지 요소는 효능감과 효과성, 자아정체성, 그리고 장소에 대한 소유감입니다. 이는 일종의 심리적 욕구이자 조건으로 작용합니다. 그렇다면, 이를 강화하기 위해 리더가 취할 수 있는 구체적인 행동과 환경적 요인이 있을 겁니다.

첫째, 자율성을 높여주는 겁니다. 직원들이 자신의 역할을 통제할 수 있다고 느낄 때 소유감이 커집니다. 이를 위해 업무 방식이나 스케줄을 스스로 결정할 수 있는 기회를 제공하는 것이 효과적이에요.

둘째, 참여와 의사결정 권한을 확대하는 겁니다. 나중에 더 깊이 다룰 내용이지만, 이는 임파워먼트와도 연결됩니다. 조직의 중요한 의사결정 과정에 직원들을 참여시키면, 그들이 조직의 미래와 성공에 대한 책임감을 느끼고 심리적 소유감도 증대됩니다.

셋째, 책임을 부여하는 것입니다. 사람들이 어떤 일에 책임을 지게 되면, 그 일에 대해 더욱 깊은 소유감을 갖게 됩니다. 조직에서 의미 있는 역할을 맡게 되면, 그 직무나 조직을 자신의 일부로 인식하게 되죠.

넷째, 개인이 자신을 투자할 기회를 주는 것입니다. 직원들이 시간 과 노력, 그리고 정서적 에너지를 쏟을 수 있는 기회를 제공하면, 그 대상에 대한 소유감이 더욱 강해집니다. 장기적인 프로젝트나 중요 한 과제에 참여할 기회를 주는 것이 좋은 예입니다.

마지막으로, 지식과 이해의 수준을 높여주는 것입니다. 조직 내에 서 정보가 투명하게 공유되고, 원활한 의사소통이 이루어지면, 직원 들은 조직에 대한 친숙함을 느끼고 더욱 깊은 소유감을 가질 가능성 이 커집니다."

"앞에서 팀 규범을 설정할 때 직원들을 참여시켜야 한다고 했던 이유가 다시 떠오르네요. 이제는 '주인의식을 가져라'라고 말하는 것 이 아니라, 팀원들이 책임감을 자연스럽게 가질 수 있도록 심리적 소 유감을 높이는 방안을 실천해야겠어요."

FEEDBACK
LETTER

   책임감과 주인의식이 개인의 태도만이 아니라, 리더의 역할과 조
직 환경에 의해 크게 영향을 받을 수 있다는 점을 깊이 이해하게 되
었습니다. 특히 심리적 소유감Psychological Ownership이 책임감을 높
이고 성과를 증대시키는 핵심 요소라는 점이 인상적이었습니다.

1. **책임감과 주인의식은 환경과 리더십의 산물이다:** 개인의 성향뿐만
   아니라, 리더가 제공하는 자율성, 참여 기회, 명확한 기대치, 긍정적
   피드백이 이를 결정짓는 중요한 요소라는 점이 와닿았습니다.
2. **리더의 역할이 핵심이다:** 정보 공유, 신뢰 기반의 지원, 역할 모델링
   을 통해 직원들이 자신의 업무를 주체적으로 느낄 수 있도록 돕는
   것이 필수적이라는 점을 다시 한번 깨달았습니다.

이를 바탕으로 다음과 같이 실천하려 합니다.

1. 자율성과 참여 기회를 확대하여, 팀원들이 업무를 주도적으로 결정
   할 수 있도록 하겠습니다.
2. 책임 있는 역할을 부여하여, 업무에 대한 주인의식을 더욱 강화하겠
   습니다.
3. 명확한 정보 제공과 신뢰 기반의 지원을 아끼지 않겠습니다.
4. 제가 먼저 주인의식을 갖고 일하며, 솔선수범하는 리더십을 실천하

겠습니다.

오늘의 대화 덕분에 책임감을 키우는 리더십의 방향이 더욱 선명
해졌습니다.

다니엘 드림

심리적 소유감Psychological Ownership

개인이 조직, 업무, 아이디어와 같은 대상을 마치 자신의 것처럼 느끼는 심리적 상태

심리적 소유감 형성을 위한 세 가지 요인

- 효능감과 유효성: 개인이 특정 행동을 통해 원하는 결과를 만들어낼 수 있다는 믿음과 개인의 행동이 환경에 긍정적인 영향을 미치고 있다고 인식하는 상태
- 자아정체성: 개인이 자신을 표현하거나 자신의 정체성과 연결된 대상을 소유로 느끼는 심리적 상태
- 장소에 대한 소유감: 개인이 물리적 공간, 심리적 공간 혹은 사회적 관계에서 소속감을 인식

심리적 소유감을 높이는 방법

- 자율성 제공
- 참여와 의사결정 권한 확대
- 책임 부여
- 개인적 투자시간, 노력, 정서적 에너지 기회 제공

5 순응을 헌신으로 바꾸는 법: 임파워먼트

   직원의 자율성과 헌신은 조직 성공의 핵심이지만, 많은 리더들은 "스스로 알아서 해라"는 막연한 기대만을 전달한다. 이러한 접근은 오히려 직원들에게 혼돈을 증가시키고, 몰입을 저하시킬 수 있다.

   이 장에서는 임파워먼트의 개념과 중요성을 탐구하고, 이를 실현하는 구체적인 리더십 방법을 다룬다. 임파워먼트는 권한 위임을 넘어, 직원들이 자신의 역할에 자신감을 갖고 의미와 가치를 느낄 수 있도록 돕는 강력한 전략이다. 특히 관계적 임파워먼트와 동기부여적 임파워먼트의 두 가지 접근법을 중심으로, 리더가 직원들의 동기를 끌어올리고 헌신적인 태도로 전환시키는 방안을 살펴본다. 또한 임파워링 리더십을 실천하는 구체적인 행동과 사례를 통해 조직에서 효과적으로 적용할 수 있는 방법을 제시한다. 이를 통해 직원들이 조직 목표에 주도적으로 기여하고 책임감을 바탕으로 성과를 창출할 수 있는 환경을 조성하는 데 중점을 둔다. 나아가 자율성과 자기효능감을 높여 조직과 업무에 대한 헌신을 유도하는 실천적 해법을 모색한다.

01 자율 경영을 실현하는 방법

"루이스! 요즘 새로운 습관이 생겼어요. 어떤 말이나 행동을 하기 전에 잠시 멈추고, 직원들에게 기대하는 태도와 행동이 무엇인지 생각한 후, 제 말과 행동이 그 기대를 이끌어낼 수 있을지 점검하고 있어요."

"훌륭해요. 말이나 행동 전에 멈춰서 스스로를 점검하는 건 쉽지 않은 일이에요. 이를 우리는 마음챙김Mindfulness이라고 합니다. 마음챙김은 현재 순간에 집중하며 자신의 생각과 감정을 인지하고 의식적으로 행동하는 것을 의미하죠. 이를 실천하면 즉흥적이거나 감정적인 반응을 줄이고, 직원들에게 긍정적이고 수용적인 태도를 유도할 수 있습니다."

"아직 부족하지만 더 노력해볼게요. 그런데 직원의 자율성과 효능감을 높이는 것이 업무 몰입과 헌신을 높이는 데 중요한 요인이라고 하셨는데, 그것이 직원의 어떤 욕구와 연결되어 있고, 이를 충족하기 위해 리더가 어떤 행동을 해야 하는지 궁금합니다."

"이제 리더십의 본질을 명확하게 이해하고 질문을 하는군요. 앞에

서 설명한 것처럼 자율성이란 외부의 지배 없이 스스로 원칙에 따라 일을 결정하고 실행하는 것을 의미합니다. 이런 태도를 가진 직원이 많을수록 조직의 자율성도 높아지죠. 이를 실현하는 것이 바로 임파워먼트Empowerment입니다.

임파워먼트라는 단어는 접두사 'em', 명사 'power', 그리고 명사형 어미 'ment'가 결합된 형태예요. 'em'은 '안에', '안으로'라는 의미를 가지며, 어떤 상태나 특성을 '내재화한다'는 뜻을 지닙니다. 'power'는 '힘' '능력' '권한'을 의미하며, 특정한 영향력을 부여하는 개념이죠. 'ment'는 상태나 행위, 과정을 나타내는 접미사로 작용합니다. 이 세 가지가 결합된 'empowerment'는 어떤 사람이나 집단이 자신감과 자율성을 갖고 스스로 결정할 수 있는 권한을 부여받아 능력을 발휘할 수 있도록 하는 것을 의미합니다."[45]

"임파워먼트는 리더가 기대하는 이상적인 직원의 모습이라고 할 수 있겠네요."

"맞아요. 리더십 차원에서 임파워먼트는 무력감을 유발하는 요인들을 제거하고, 직원의 효능감을 개선하는 프로세스입니다. 직원들이 수동적인 태도에서 벗어나 능동적이고 주도적인 태도를 가지도록 변화시키는 것이죠."

02 임파워먼트, 관계 중심 vs. 동기 중심 접근

"무력감을 줄이려면, 먼저 그 원인을 파악해야겠네요. 제 경험상, 부정적인 피드백이 지속되거나 권한 없이 지시만 받을 때 저는 무력감을 느꼈어요."

"맞아요. 무력감은 부정적인 피드백, 역할과 목표의 불명확성, 지나치게 관료적인 조직문화에서 자존감과 효능감이 낮아지면서 발생합니다. 이를 해결하기 위한 임파워먼트에는 두 가지 차원의 접근 방법이 있어요. 하나는 관계적 차원의 임파워먼트이고, 다른 하나는 동기부여적 차원의 임파워먼트입니다."[46]

"임파워먼트를 두 가지 차원으로 구분하는 것은 구성원의 태도에 각기 다른 영향을 미친다는 뜻이네요."

"그렇죠. 관계적 차원의 임파워먼트는 직원들에게 의사결정 권한을 위임하고, 업무의 자율성을 보장하는 과정이에요. 예를 들어, 넷플릭스는 직원들이 업무 수행에 필요한 도구와 자원을 자유롭게 사용할 수 있도록 지원합니다. 업무 성과에 대한 책임을 강조하면서도 일정 관리의 자율성을 보장하여, 직원들이 스스로 업무 일정을 조정하

고 필요할 때 자유롭게 휴가를 사용할 수 있도록 합니다. 또한, 넷플릭스는 '행동 가이드라인'으로 '비용을 회사 돈처럼 아껴 쓰세요'라는 간단한 원칙만을 제시하고, 예산 사용에 대한 구체적인 규칙이나 제한을 두지 않습니다. 이를 통해 직원들은 출장, 장비 구매, 교육 등 필요한 경비를 직접 결정하고 사용할 수 있어요. 이 과정에서 직원들이 비용 대비 효과를 직접 판단하고 책임지면서, 경비 사용의 효율성을 높일 수 있죠."[47]

"저는 '비용을 회사 돈처럼 아껴 쓰세요'보다는 '비용을 자신의 돈처럼 아껴 쓰세요'라는 표현이 더 적절한 것 같은데요. 회사의 돈을 자신의 돈처럼 생각해야 더 아껴 쓰지 않을까요?"

"다니엘의 말도 일리가 있지만, '비용을 회사 돈처럼 아껴 쓰세요'라는 표현은 더 큰 의미를 담고 있어요. 넷플릭스는 이 표현을 통해 직원들이 회사의 자원을 사용할 때, 회사의 목표와 비전을 고려한 공동의 책임감을 염두에 두고 의사결정하기를 기대하는 거죠. 단순한 절약을 넘어서 회사의 전반적인 이익과 목표에 맞게 신중히 판단하고, 회사의 가치를 지키는 책임감 있는 행동으로 이어지기를 바라는 겁니다. 또 다른 의미는, '자신의 돈처럼' 절약하려 한다면 즉각적인 비용 절감에 치우칠 수 있지만, '회사 돈처럼'이라는 표현은 더 큰 목표와 장기적인 가치를 고려하여 전략적 투자를 유도하는 역할을 합니다."

"저는 단순하게 생각했는데 그렇게 깊은 의미가 담겨 있었네요."

"그렇습니다. 넷플릭스는 이 원칙을 통해 직원들이 회사의 목표와 비전에 맞춰 자원을 신중하게 사용하도록 유도합니다. 이외에도 콘

텐츠 제작과 투자 결정을 직원들이 직접 판단하도록 권한을 부여하고, 자기 개발을 위한 학습 자원을 자유롭게 사용할 수 있도록 지원하고 있어요."

"그럼 동기부여적 차원의 임파워먼트는 무엇인가요?"

"동기부여적 차원의 임파워먼트는 직원의 내적 동기인 자율성과 유능성을 높이고, 업무의 의미를 강화하는 데 초점을 맞춥니다. 예를 들어, 파타고니아는 환경 보호를 기업의 핵심 가치로 삼고, 직원들에게 환경 보호 활동에 참여할 기회를 제공합니다. 이를 통해 직원들은 자신의 일이 상업적 활동이 아니라, 더 큰 사회적 가치를 실현하는 데 기여한다고 느낄 수 있어요."[48]

03 임파워링 리더십을 실천하는 법

"임파워먼트를 실현하기 위해 리더가 해야 할 행동은 무엇이 있나요?"

"다니엘이 질문한 내용처럼, 임파워먼트 실현을 위해 필요한 리더십 행위를 임파워링Empowering이라고 합니다. 임파워먼트가 직원이나 팀이 자율성과 책임감을 가지고 주도적으로 일할 수 있도록 권한을 부여받는 상태라면, 임파워링은 그 상태를 만들어 가는 리더의 행동을 의미합니다."

"구체적으로 어떤 행동들이 포함되나요?"

"임파워링 리더십의 대표적인 방법은 솔선수범, 참여적 의사결정, 코칭, 정보 제공, 그리고 직원에 대한 관심과 배려를 표현하는 것입니다."

"앞에서 학습했던 솔선수범이 임파워링의 한 가지 방법이네요. 리더가 솔선수범을 하고 이에 대해 긍정적인 피드백을 받거나 성공적으로 문제를 해결하는 모습을 직원들이 관찰하면, 자연스럽게 효능감이 높아지고 자신도 할 수 있다는 확신을 가지면서 동기부여될 것 같아요."

"맞습니다. 솔선수범Leading by Example이 임파워링 리더십 행동 요소에 포함되는 이유죠. 두 번째, 참여적 의사결정Participative Decision-Making은 직원들에게 아이디어나 의견을 제안할 기회를 주고, 그 의견을 경청하여 의사결정 과정에 반영하는 것을 말합니다.

세 번째, 코칭Coaching은 직원에게 교육과 훈련 기회를 제공하고, 성과를 향상시키며 문제를 해결할 수 있는 방법을 가르쳐 주는 것입니다. 업무 수행에 필요한 지원을 제공하여 직원이 더욱 효과적으로 일할 수 있도록 돕는 것이죠."

"코칭 역시 결국 직원의 효능감을 높이고, 이를 통해 성과를 달성하도록 동기부여하는 방법이군요. 업무 몰입과도 연결되네요."

"네 번째, 정보 제공Informing은 리더가 부서의 결정 사항, 목표, 방향 등에 대해 직원들에게 자세히 설명하는 것입니다."

"정보 제공도 앞에서 다루었던 업무 지시와 관련이 있네요. 직원들에게 업무를 지시할 때 목표와 방향을 명확히 설명해주는 것이 임파워먼트의 수준을 높이는 역할을 하겠군요."

"맞습니다. 정보를 투명하게 공유하는 것은 심리적 소유감뿐만 아니라 임파워먼트의 수준까지 높일 수 있어요. 마지막으로, 관심과 배려의 표현Showing Concern/Interacting with the team은 직원들의 개인적인 고민에 신경을 써 주고, 복지에 관심을 기울이며, 개개인의 관심사에 대해 충분히 대화를 나누는 것을 포함합니다. 더 나아가, 직원의 성장과 성공을 지원하는 것이죠."[49]

"루이스와 대화를 나누는 것도 제가 임파워먼트를 경험할 수 있는 기회를 제공해 주시는 거네요. 제가 자신감을 얻고 동기부여되는 이

유를 알겠습니다. 그리고 업무 몰입처럼, 임파워링 리더십의 행동 요소도 리더십 교육 과정에서 다루는 중요한 내용들이 다 포함되어 있네요. 요즘 기업에서 임파워먼트에 대해 관심을 갖고 중요하게 여기는 이유를 알겠습니다."

"저는 리더십 행위들 간의 연결성과 의미를 오랜 시간 학습하고 나서야 이해하게 되었는데, 다니엘은 나보다 더 빠르게 이해하고 있어서 기쁘네요. 오늘은 여기까지 이야기하죠."

임파워먼트는 권한 위임을 넘어, 자율성과 자기효능감을 높여 헌신적인 태도로 변화시키는 강력한 리더십 전략이라는 점을 깊이 이해할 수 있었습니다. 특히 관계적 차원과 동기부여적 차원의 접근법, 그리고 이를 실현하기 위한 리더의 구체적인 행동이 인상적이었습니다.

1. **임파워먼트는 무력감을 없애고, 효능감을 증대시키는 과정이다:** 직원들이 자신의 역할과 조직의 성공에 주도적으로 기여하도록 동기를 부여하는 것이 중요합니다.
2. **관계적 차원 vs. 동기부여적 차원:** 권한을 위임하는 것뿐만 아니라, 직원들이 일의 의미를 찾고 내적 동기를 가질 수 있도록 돕는 것이 필수적입니다.
3. **리더의 역할이 결정적이다:** 솔선수범, 참여적 의사결정, 코칭, 정보 제공, 관심 표현 등 리더의 구체적인 행동이 임파워먼트를 실현하는 핵심 요소라는 점을 깨달았습니다.

이 배움을 실천하기 위해 다음과 같이 행동하겠습니다.

1. **자율성과 권한 위임:** 팀원들이 업무 방식을 스스로 결정하고, 주요 프로젝트에 주도적으로 참여하도록 하겠습니다.

2. **의미 부여와 동기 강화:** 업무가 조직 목표와 어떻게 연결되는지 명확히 설명하며, 팀원들의 기여를 강조하겠습니다.

3. **코칭과 피드백 강화:** 어려움을 겪을 때 적절한 지원과 코칭을 제공하고, 성과에 대한 긍정적 피드백을 강화하겠습니다.

4. **솔선수범과 정보 공유:** 리더로서 자율적이고 신뢰 기반의 문화를 조성하며, 투명한 정보 공유를 통해 팀원들의 적극적인 참여를 독려하겠습니다.

이번 대화를 통해 자율적인 조직을 만들기 위해 리더로서 어떤 실천이 필요한지 명확하게 배울 수 있었습니다. 배운 내용을 실제로 적용하며, 팀의 자율성과 헌신을 높이는 리더가 되겠습니다.

다니엘 드림

임파워먼트 Empowerment의 개념

- em(안에, 안으로) + power(힘, 능력, 권한) + ment(상태, 행위, 과정)
- 어떤 사람이나 집단이 자신감, 자율성, 그리고 스스로 결정할 수 있는 권한을 부여받아 능력을 발휘하는 상태

임파워먼트의 두 가치 차원

- 관계적 임파워먼트: 직원들에게 의사결정 권한을 위임하고, 업무의 자율성을 보장하는 과정
- 동기부여적 임파워먼트: 개인효능감의 개발을 통해 목표달성을 위한 동기부여를 강화시키는 조건을 형성하는 것

임파워링 리더십의 행위 요소

- 솔선수범Leading by Example
- 참여적 의사결정Participative Decision-Making
- 코칭Coaching
- 정보 제공Informing
- 구성원에 대한 관심 또는 염려 표시Showing Concern/Interacting with the Team

6 행동을 촉진하고 지속시키는 법: 동기부여

동기부여는 리더십의 본질이자 조직 성과의 핵심 요소다. 그러나 많은 리더들은 직원들이 무엇에 의해 동기부여 되는지 깊이 이해하지 못한 채, 권한과 보상자원의 부족만을 내세우고 실천하지 않는 실수를 범한다. 그 결과, 직원들은 몰입하지 못하고 잠재력을 충분히 발휘하지 못하게 된다.

이 장에서는 동기부여의 본질과 직원 개개인의 욕구를 이해하고 충족시키는 리더십 전략을 탐구한다. 직원들의 행동 변화를 이끌어내기 위해 욕구와 동기의 관계를 살펴보고, 리더가 직원들의 숨겨진 동기부여 요인을 발견하고 자극하는 방법을 구체적으로 다룬다.

특히 관심과 관찰을 통한 동기부여, 대화를 통해 개인의 욕구를 파악하는 방법, 그리고 긍정적인 변화를 촉진하는 인정과 칭찬의 힘을 중심으로 실천적인 리더십 접근 방식을 제시한다. 성과 중심의 칭찬을 넘어, 노력과 과정을 존중하는 진정성 있는 인정이 어떻게 강력한 동기부여로 이어지는지 다양한 사례를 통해 설명한다. 동기부여는 외적 보상이 아니기 때문에, 직원 개개인의 내적 욕구와 가치를 깊이

이해하고 맞춤형으로 접근할 때 강력한 효과를 발휘한다. 이 장에서는 리더가 직원들의 잠재력을 이끌어내고, 조직 내 몰입과 헌신을 유도할 수 있는 구체적인 전략과 도구를 살펴보려 한다.

01 직원을 움직이게 하는 동기부여의 핵심 원리

"오늘은 리더십에서 정말 중요한 아젠다인 동기부여네요. 정말 기대됩니다."

"다니엘, 중요할수록 어렵다는 것은 잘 알고 있죠? 그동안 우리는 리더십이란 리더가 구성원의 욕구와 심리적 조건을 충족시켜 성과를 달성하는 데 필요한 태도를 이끌어내는 과정이라는 관점에서 다양한 주제를 논의했어요. 결국 리더는 자신이 원하는 방향으로 직원들이 움직이도록 동기부여할 수 있어야 합니다."

"그런데 조절초점 이론에서 배운 것처럼, 사람마다 동기부여 방식이 다르다는 점이 리더로서 가장 어려운 부분인 것 같습니다. 기존에는 모든 사람들이 촉진 초점에 의해 동기부여된다고 생각했는데, 예방 초점이라는 개념을 알게 되면서 팀원들을 더 잘 이해할 수 있게 되었어요."

"팀원의 다양한 욕구를 이해하고 충족시켜 조직의 목표를 달성하는 것이 성공적인 리더십의 핵심입니다. 이것이 바로 동기부여의 본질이에요. 동기부여는 사람들에게 행동하게 만드는 추진력, 인센티

브, 욕구, 그리고 욕망을 제공하는 것이죠."[50]

"그런데 구체적으로 욕구와 동기부여는 어떤 관계에 있나요?"

"아주 간단한 예를 들어볼게요. 만약 다니엘이 작열하는 태양 아래서 사막을 오랫동안 걷고 있다고 생각해보세요. 시간이 지나면서 어떤 현상이 일어날까요?"

"현기증이 나고, 갈증이 생겨서 물을 마시고 싶어질 것 같아요."

"바로 그 갈증이 욕구 같은 겁니다. 욕구는 인간이 생존이나 성장을 위해 충족해야 하는 필요나 결핍 상태를 뜻해요. 이것이 동기를 형성하는 기초가 되고, 욕구를 충족시키기 위해 행동하게 만드는 원천이 되는 거죠. 즉, 욕구는 어떤 상태나 필요를 의미하고, 동기는 그 상태를 해결하기 위한 행동의 이유라고 이해할 수 있어요."[51]

"욕구와 동기의 관계가 더 명확해지네요. 욕구가 행동을 이끌어내는 원천이라는 점이 흥미로워요."

"맞습니다. 예를 들어 갈증이라는 욕구가 생기면 물을 마시고 싶다는 동기가 생기고 결국 물을 찾아 마시려는 행동으로 이어지는 것이죠. 혹시 다니엘은 직장생활에서 어떤 조건이나 상황에서 행동하려는 동기가 생기나요?"

"저는 새로운 것을 배우고 성장할 기회가 주어질 때 동기부여가 됩니다. 반대로 반복적인 변화 없는 환경에서는 금방 무기력해지는 것 같아요."

"그러면 다니엘은 새로운 것을 배우고 성장하며 변화할 수 있는 기회가 주어지는 것을 중요하게 여기는군요. 배움과 새로운 경험이 다니엘에게는 동기부여가 되는 핵심적인 요인이라는 뜻이에요."

"맞습니다. 그래서 루이스와의 대화는 저에게 항상 큰 동기부여가 됩니다."

"그렇게 말해줘서 정말 고맙네요. 그런데 리더십 차원에서 한 가지 중요한 점을 짚고 싶어요. 리더들이 흔히 자신의 욕구와 구성원의 욕구가 비슷할 것이라고 착각하는 경우가 있다는 겁니다."

"리더가 자신의 욕구와 직원의 욕구를 동일시하는 이유는 무엇인가요?"

"이는 자기중심적 편향egocentric bias 때문이에요. 사람들은 흔히 타인의 생각과 욕구가 자신과 유사할 것이라고 믿는 경향이 있어요. 그래서 리더는 자신의 가치관과 욕구를 기준으로 구성원을 이해하려 하다가, 구성원의 욕구를 잘못 해석하게 되는 경우가 많아요. 결국 이런 접근은 구성원의 동기를 제대로 자극하지 못하거나 오히려 떨어뜨리는 결과를 가져올 수 있습니다."[52]

"생각해보니 저도 그런 실수를 한 적이 있어요. 직원들이 새로운 시도를 다 좋아할 거라고 당연히 여겼거든요. 그렇다면, 리더는 구성원 각자의 욕구를 어떻게 파악하고, 그에 맞춰 동기부여해야 할까요?"

"동기부여와 관련된 아주 중요하고 본질적인 질문입니다. 동기부여는 그렇게 단순하지 않아요. 핵심은 맞춤형 접근입니다. 첫 번째는 구성원을 세심히 관찰하면서 그들의 행동과 특성을 이해하는 것이고, 두 번째는 직접 대화를 통해 그들의 욕구를 파악하는 겁니다."

"맞춤형 동기부여라는 개념은 처음 들어보지만 정말 중요하게 느껴지네요. 앞으로 팀원의 욕구를 더 잘 이해하기 위해 노력해야겠네

요. 그런데 한편으로는 동기부여를 위한 권한도 예산도 많지 않은데 뭘 어떻게 해야 할지 고민이 됩니다."

"대부분의 리더들이 다니엘처럼 '동기부여를 위한 자원이 없다'고 말하곤 합니다. 이런 상황에서 어떻게 해야 할지는 조금 있다가 얘기해 보도록 하죠. 하지만 제가 보기에는, 리더가 구성원들의 욕구와 동기부여 요인을 개인별로 명확히 이해하는 것만으로도 절반은 성공이라고 생각합니다."

"무슨 말씀인지 공감됩니다. 리더가 구성원 각자의 욕구를 명확히 이해하고 동기부여를 위해 무엇을 해야 할지 아는 것만큼 하지 말아야 할 것을 아는 것도 중요하니까요. 저도 현장에서 근무할 때, 리더가 직원 개인의 욕구를 이해하고 동기부여하는 것이 얼마나 중요한지 몸소 느낀 적이 있습니다.

제가 관리 업무에서 현장 업무로 스스로 지원해서 부서를 옮겼을 때 일이었어요. 하지만 예상과는 달리 업무에 적응하지 못했고, 실적 부진으로 인해 점점 지쳐가던 시기였습니다. 어느 날, 외근을 마치고 사무실로 돌아왔을 때 팀장님께서 조용히 면담을 제안하셨어요. 지금 돌이켜 보면 그날 팀장님께서 제 표정을 유심히 살피셨던 것 같아요. 면담이 시작되자 팀장님은 다정한 목소리로 이렇게 말씀하셨어요.

'다니엘, 요즘 많이 힘들지?' 그 한마디에 순간 가슴이 뭉클하고 울컥하더라고요. 진심이 느껴지는 질문이어서 마음이 놓였고, 자연스럽게 솔직히 대답할 수 있었습니다.

'네, 열심히 하고 있는데 제 마음처럼 되질 않네요.'

그러자 팀장님께서 이렇게 말씀하시더군요. '그래, 다니엘이 관리 업무를 하다가 현장 업무로 스스로 지원해서 온 이유가 있잖아. 그걸 다시 한번 떠올려 보면서 잘 극복했으면 좋겠어. 너무 실적에만 얽매이지 말고 다양한 시도를 해보는 게 어때?' 이 한마디가 제게 정말 큰 힘이 됐습니다. 그동안 쌓여 있던 부담감과 지친 마음이 눈 녹듯 사라지는 느낌이었어요. 누군가 제 마음을 진심으로 알아주고 격려해준다는 사실만으로도 큰 위안이 되었고, 다시 한번 열심히 일해 보자는 의지가 생겼던 소중한 경험이었습니다."

02 관심과 관찰이 강력한 무기다

"팀장의 이해와 공감, 그리고 적절한 지지가 다니엘에게는 정말 큰 동기부여가 되었네요. 다니엘이 경험한 것처럼, 직원의 필요를 이해하고 그에 맞춰 동기부여하는 것이 리더의 중요한 역할입니다. 만약 그때 팀장이 다니엘의 마음을 이해하지 못하고 실적 부진에 대해 추궁하거나 압박만 했다면, 오히려 동기가 더 떨어질 수도 있겠죠.

그래서 직원의 욕구를 이해하려면 무엇보다 관심을 갖고 관찰하는 것이 첫걸음입니다. 입사 3년 차 직원이 있다고 가정해봅시다. 이 직원은 결과 지향적이고, 아침에 가장 활기가 넘치며, 동료들과 지식과 기술을 공유하는 것을 즐깁니다. 이런 특성을 가진 직원을 어떻게 동기부여할 수 있을까요?"

"결과 지향적이라면 단기간에 성과를 낼 수 있는 명확한 결과물이 있는 일을 맡기면 좋을 것 같아요. 또 아침에 활기가 넘친다면 중요한 업무 지시는 아침에 하는 것이 효과적일 것 같고요. 더 나아가 업무를 더 확대해 주거나 책임의 범위를 넓혀 주는 것도 좋은 방법일 것 같습니다.

예전에 제가 모셨던 팀장님이 비슷한 사례를 보여주셨던 기억이 나는데요. 채권 데이터 정리를 하던 한 직원에게 더 도전적인 채권 감축 업무를 맡긴 적이 있었거든요. 그 직원은 기대 이상으로 적극적으로 업무를 수행하면서 영업사원들과 직접 채권 회의를 주관하기도 했고, 뛰어난 성과를 냈습니다."

"정말 좋은 사례네요. 그 팀장은 아마 관찰을 통해 해당 직원이 성취 욕구가 강하다는 점을 파악했을 거예요. 그래서 단순하고 반복적인 업무에서 벗어나, 더 복잡하고 도전적인 업무를 추가로 맡겨 동기부여를 유도한 것이죠. 이를 '직무 충실화Job enrichment'라고 합니다.

직무 충실화란 업무를 추가하는 것이 아니라, 직원의 역할과 책임을 확장해 더 의미 있는 과업을 부여하는 걸 의미합니다. 결과적으로 이는 직원의 자기 효능감과 성취감을 높이고, 내적 동기를 자극하는데 큰 효과가 있죠."

"맞아요! 직무 충실화는 예전에 업무 몰입을 학습하면서 배운 기억이 납니다. 루이스의 설명을 정리하면 세 가지로 요약할 수 있겠네요.

첫째, 직원의 현재 능력과 잠재력을 관찰하고 파악하는 것. 둘째, 일을 더 맡기는 것이 아니라 직원이 의미 있다고 느낄 책임과 일을 부여하는 것이 중요하다는 점. 마지막으로, 새로운 과제를 통해 직원이 자신의 잠재력을 발휘할 수 있도록 적절히 지원하고 격려하는 것이 핵심입니다."

03 대화를 통한 맞춤형 동기부여

"아주 잘 정리했어요. 예를 들어, 아까 말했던 그런 직원이라면 부서 OJT 리더나 기술 연구회 리더로 임명하는 것도 좋은 방법입니다. 이렇게 하면 그 직원이 더 큰 책임감을 느끼고 동기부여될 가능성이 높습니다. 동기부여를 위한 두 번째 방법은 대화를 통해 상대의 욕구를 파악하는 것입니다."

"그런데 팀원들과의 대화를 통해 욕구를 파악하려고 해도, 어떤 질문을 해야 할지 떠오르지 않을 때가 많습니다."

"그런 경우가 많죠. 그래서 대화하기 전에 질문을 미리 준비하는 것이 중요해요. 내가 몇 가지 예시를 준비했는데, 한번 읽어보세요."

욕구 파악 대화를 위한 질문

1. 현재 우리 팀 환경과 업무 상황에 대해 어떻게 생각하나요?

2. 본인이 생각하는 자신의 강점과 약점은 무엇인가요?

3. 직장에서 업무를 하거나 선택의 상황에서 가장 우선시 하는 가치는 무엇인가요?

4. 일하면서 가장 자랑스럽거나 행복했던 순간은 언제였나요?

5. 어떤 방식으로 인정받거나 칭찬받을 때 가장 동기부여되나요?

6. 개인적인 목표와 직업적 목표는 무엇인가요?

7. 즐겨 하는 취미나 활동은 무엇이며, 그것을 즐기는 이유는 무엇인가요?

8. 본인이 선호하거나 효과적이라고 생각하는 커뮤니케이션 방식은 무엇인가요?

"이런 유용한 질문들이 준비되어 있으면 훨씬 수월해질 것 같네요. 그런데 질문을 너무 많이 하면 상대방이 부담스러워하지 않을까요?"

"맞아요. 한꺼번에 질문을 쏟아내는 건 오히려 부담을 줄 수 있습니다. 그러니 한두 개의 질문을 선택해 깊이 있는 대화를 나누는 게 중요해요. 처음에는 가벼운 주제로 시작해서 점차 심도 있는 주제로 이어가는 방식이 효과적이죠."

"생각날 때마다 이 질문 목록에 새로운 질문을 추가하면 더 좋을 것 같아요. 예를 들어, '지난번 프로젝트에서 어떤 점이 열심히 하는 데 가장 도움이 되었나요?' 같은 질문도 추가할 수 있겠네요."

04 전략적 칭찬과
인정의 힘

"아주 좋은 질문이에요. 팀원이 몰입을 느끼는 요소를 파악하는데 큰 도움이 될 겁니다. 이제 마지막으로 '인정을 통한 동기부여 방법'에 대해 이야기해보죠. 메리케이 코스메틱스의 창업주가 한 기업의 총수와 악수하기 위해 몇 시간 동안 줄 서서 기다렸던 일을 회상하며 이런 말을 했다고 합니다.

'사람들이 돈보다 더 갈망하는 두 가지가 있다. 바로 인정과 칭찬이다.'[53]

저는 이 이야기가 리더들에게 중요한 교훈을 준다고 생각해요. 인정과 칭찬은 리더들이 종종 소홀하기 쉬운 숨겨진 보물 같은 존재입니다. 발견하고 잘 활용하면 조직에 큰 변화를 가져올 수 있죠."

"인정과 칭찬이 숨겨진 보물이라는 말이 정말 가슴에 와닿네요. 소중하고 가치 있는 것이지만, 리더들은 종종 이를 제대로 찾지 못하거나 활용하지 않는 경우가 많죠. 그런데 인정과 칭찬이 비슷하게 들리는데, 둘 사이에 어떤 차이가 있나요?"

"인정과 칭찬은 비슷한 의미로 쓰이지만, 본질적으로 다른 역할을 합니다. 인정은 상대의 존재와 행동, 성과를 객관적으로 바라보고 그

가치를 긍정적으로 표현하는 것이죠. 중요한 건 결과뿐만 아니라 과정과 노력에도 집중해야 한다는 점이에요. 평가적 언어보다 사실을 기반으로 한 피드백이 효과적이죠.

예를 들어, '이번 프로젝트에서 철저히 준비하신 점이 인상적이었어요.' '당신이 꾸준히 노력해 온 걸 잘 알고 있습니다.' 이런 말들은 상대에게 안정감과 존중감을 주고, 자신감을 북돋아 주는 역할을 합니다."

"그렇다면 칭찬은 어떤 특징이 있나요?"

"칭찬은 특정 행동이나 결과에 대해 감정적으로 긍정적인 피드백을 주는 거예요. 상대의 성취를 인정하면서 동기를 부여하고 기쁨을 주는 데 목적이 있죠. 그래서 주관적 평가가 포함되기도 하고, 내용이 다소 간결한 경우도 있지만, 보통은 결과 중심으로 표현됩니다. 예를 들면, '정말 멋진 발표였어요! 훌륭했습니다!' 이런 말을 들으면 기쁘기도 하고 동기부여도 되겠죠."

"그럼 인정은 과정에 대한 구체적이고 사실적인 피드백이고, 칭찬은 결과에 대한 긍정적인 평가라고 이해하면 되겠네요."

"정확해요. 인정과 칭찬은 각각 다른 역할을 하지만, 적절히 활용하면 직원의 동기를 크게 높일 수 있습니다. 중요한 건 상황에 맞게 이 두 가지를 적절히 구분하고 활용하는 거죠. 다니엘, 만약 팀원이 보고서를 잘 작성했을 때 인정과 칭찬을 각각 어떻게 표현할 수 있을까요?"

"음, 인정은 행동과 과정 자체를 바라보는 거니까 '보고서를 아주 꼼꼼하게 작성하셨네요. 노력하신 점이 보입니다'라고 표현할 수 있

겠네요. 반면, 칭찬은 '보고서가 완벽하네요! 본부장님이 아무 수정도 하지 않으셨네요. 정말 훌륭해요!'처럼 성과와 결과를 중심으로 표현하면 되지 않을까요?.

"아주 좋은 예시네요, 다니엘. 인정과 칭찬의 차이를 잘 이해하고 있군요. 그런데 내 생각에는 우리가 인정의 중요성을 충분히 실천하지 못하는 경우가 많은 것 같아요. 어떻게 생각하나요?"

"저도 그렇게 생각해요. 아무래도 성과 중심 문화에서 자라다 보니 칭찬은 비교적 쉽게 하지만, 과정이나 노력 자체를 인정하는 것에는 익숙하지 않은 것 같아요."

"맞아요. 기대했던 결과가 나오지 않았더라도, 모든 직원은 그 과정에서 무언가를 배우고 성장하고 있습니다. 그래서 작은 노력이라도 인정하는 습관을 들이는 것이 중요합니다. 작은 인정이 격려가 되고, 성과가 도드라질 때는 칭찬으로 마무리하는 것이 효과적이죠. 하지만 많은 사람들이 인정을 충분히 하지 못하는 이유는 뭘까요?"

"솔직히 말하면, 저는 직원에게 인정을 해주면 스스로를 과대평가하고 나태해질까 봐 걱정돼서 잘 하지 않는 편입니다"

"다니엘 같은 생각을 하는 리더들이 이외로 많아요. 『인정의 기술』이라는 책에는 사람들이 인정을 충분히 실천하지 않는 이유에 대해 다음과 같이 제시하고 있어요. 다니엘의 생각과 비슷한 내용도 있네요. 자신에게 해당하는 이유를 한번 점검해보는 것도 좋겠네요."

인정하지 않는 10가지 이유[54]

1. 인정을 어떻게 하는지 모른다.

2. 인정할 시간이 없다.

3. 사람들은 그렇게까지 신경을 쓰지 않을 거라고 생각한다.

4. 내 소관이 아니라고 느낀다.

5. 마땅히 해야 할 일을 인정하는 것은 옳지 않다고 생각한다.

6. 인정을 너무 많이 하면 그 가치를 떨어뜨릴 수 있다고 본다.

7. 내가 할 수 있는 일이 매우 제한적이라고 느낀다.

8. 인정하는 것이 가끔은 어색하고 불편하다.

9. 인정이 노력을 중단시킬 수 있다고 우려한다.

10. 나도 인정을 못 받는데 왜 다른 사람을 인정해줘야 하는가.

"저는 5번도 공감되네요. 리더들은 구성원이 마땅히 해야 하는 일을 하고 있다고 여기기 때문에 굳이 인정할 필요성을 느끼지 않는 것 같아요. 예를 들어, 주간 보고서를 기한 내에 제출하거나 출근 시간을 지키는 일을 당연하게 받아들이지, 특별히 그런 것들을 인정하지는 않잖아요."

"맞아요. 그래서 인정을 해 줄 수 있는 대상을 의식적으로 찾는 노력이 필요해요. 그럼 우리 같이 직원들을 인정할 수 있는 것들이 무엇이 있는지 브레인스토밍 한번 해볼까요?"

"쉽지 않겠지만 한번 해보시죠."

"내가 먼저 몇 개 생각나는 걸 얘기해 볼게요. 다니엘은 제 얘기를 들으면서 아이디어를 얻으면 좋을 것 같아요. '회의에 한 번도 늦지

않고 참석한 직원 인정해주기' '남들이 하지 않으려고 하는 과제에 자원한 것에 대한 솔선수범 인정해주기' '동료들이 목표를 달성하도록 혹은 문제를 해결하는 도움을 준 점 인정해주기' 어때요?

"그럼 저는 가장 사소하지만 '출근 시간에 한 번도 지각하지 않은 점 인정해주기'가 떠오르네요. 그리고 스트레스 받는 상황에서 동료들을 즐겁게 웃을 수 있도록 만든 점 인정해주기, 하는 일 외에 또 다른 업무 요청을 받아들인 것 인정해주기, 과제를 완수하는 데 있어 기대치 이상을 달성한 점 인정해주기, 바쁘고 정신 없는 상황에서 침착함을 유지한 점 인정해주기 정도가 떠오릅니다.

"좀 전에 사례로 들었던 3년 차 직원의 특성에서 힌트를 얻었는데 '동료들에게 도움이 되는 중요한 정보나 자료를 공유한 점 인정해주기'와 '아침에 활기가 넘쳐서 사무실 분위기를 환하게 만드는 점'도 인정해줄 수 있을 것 같네요."

"그럼 저는 영업할 때 기억을 떠올려서 자기실적 챙기기도 바쁜데 '후배하고 동행하면서 챙기고 관심 가져준 선배 영업사원 인정해주기'도 하면 좋을 것 같네요. 루이스와 같이 얘기하다 보니 관심만 가지면 인정해 줄 수 있는 것들이 의외로 많네요."

05 효과적인 인정 방법

"당연히 해야 하는 일이라고만 여기면, 결국 인정할 만한 것이 아무것도 남지 않아요. 하지만 작은 일이라도 그 과정에서의 노력이나 원칙을 지키는 부분을 찾아 인정해 주는 게 정말 중요해요. 그래서 저는 세 가지 측면에서 인정하려는 노력이 필요하다고 생각해요.[55]

첫 번째는 모든 일의 중요성을 인정하는 거예요.

직원 각자의 역할과 업무에는 모두 존재 이유가 있어요. 조직에서는 개인의 의사와 관계없이 역할이 정해지는 경우가 많죠. 그런데 리더가 주관적인 기준으로만 업무의 중요성을 평가하면, 구성원의 역할을 온전히 인정하기 어려워져요.

예를 들어, 연수원장이 자신의 업적에 직접적인 영향을 미치는 기획 업무를 맡은 직원들만 인정하고, 시설 관리나 교육 운영을 담당하는 직원들을 소홀히 대한다고 가정해 보세요. 이렇게 되면 소외된 직원들의 사기는 금세 떨어질 수밖에 없어요.

반대로 연수원장이 시설 관리 담당 직원들에게 이렇게 말한다면 어떨까요?

'이번 교육은 강의장 환경이 정말 완벽했어요. 교육 물품과 음향 장비를 철저히 점검해 주신 덕분에 아무 문제 없이 원활하게 진행됐네요. 정말 고마워요.'

이렇게 구체적으로 인정해 준다면, 직원들은 자신의 노력이 조직에 기여했다는 사실을 실감하고 큰 기쁨과 동기부여를 얻을 거예요.

두 번째는 완결된 일의 질을 인정하는 거예요.

모든 직원은 자신이 맡은 업무에 대한 고유한 기준과 기대치를 가지고 있어요. 그렇기 때문에 직원들은 피상적인 칭찬보다, 자신의 노력이 제대로 평가받기를 원해요. 의미 없는 칭찬은 오히려 동기를 떨어뜨릴 수도 있어요.

예를 들어, 팀원이 중요한 보고서를 제출했을 때 '수고했어요'라고 말하는 것보다,

'보고서의 내용이 깊이 있고 데이터 분석이 정확해서 우리 팀의 목표 달성에 큰 도움이 됐어요. 특히 마감일을 철저히 지켜줘서 고마워요'라고 구체적으로 표현하면, 팀원은 자신의 노력이 가치 있다고 느낄 거예요.

마지막으로 중요한 것은 사람을 중심으로 인정하는 거예요.

인정은 상황이나 환경이 아니라, 그 행위를 한 '사람'을 중심으로 이루어져야 해요.

예를 들어,

'이번 프로젝트는 정말 좋은 타이밍에 진행돼서 성공한 것 같아요.'

'이번 매출 성과가 잘 나왔네요. 축하해요.'

이런 표현들은 상황이나 결과에 초점을 맞추고 있어요. 그렇다면,

다니엘, 이 두 가지 예시를 사람을 중심으로 인정하는 표현으로 바꿔 볼 수 있을까요?"

"첫 번째 사례는 '이번 프로젝트의 성공은 당신이 처음부터 꼼꼼히 계획하고 문제를 사전에 해결하려고 노력한 덕분이에요. 당신의 철저함이 없었다면 이런 결과를 얻지 못했을 거예요'라고 표현할 수 있을 것 같아요.

두 번째 사례는 '이번 매출 성과는 당신이 꾸준히 고객과 신뢰를 쌓아온 결과예요. 고객이 우리를 신뢰하도록 만든 것은 바로 당신의 노력 덕분이에요.'라고 말하면 좋겠네요."

"아주 적절한 표현이네요! 이렇게 말하면 구성원들은 자신이 조직에서 중요한 존재라는 느낌을 받을 거고, 더 큰 책임감과 동기를 가지게 될 거예요."

"저도 방금 느꼈어요. 직원 각자의 역할과 업무에는 다 존재 이유가 있다는 말씀처럼, 인정은 결과에만 집중하는 것이 아니라 직원의 노력을 진심으로 바라보는 데서 시작되는 것 같아요."

"맞아요. 그래서 '인정을 통한 동기부여'가 어렵다고 하는 거예요. 결과나 성과에 대한 칭찬은 비교적 쉬운 편이지만, 진정한 인정은 다르거든요. 효과적인 인정을 위해 다음 네 가지 원칙[56]을 기억해야 해요.

첫째, 인정의 습관화예요.

인정은 한 번 하고 끝나는 행위가 아니라, 일상적으로 실천하는 습관이 되어야 해요. 팀원들의 노력을 꾸준히 관찰하고, 그들이 성취한 작은 일이라도 인정하려는 태도를 가지면, 팀원들은 자신이 중요한

존재라는 느낌을 지속적으로 받을 수 있어요.

둘째, 구성원 각자의 동기가 되는 대상을 파악해야 해요.

구성원마다 동기부여가 되는 인정의 대상이 다를 수 있어요. 어떤 팀원은 자신의 노력과 과정이 인정받기를 원하고, 또 다른 팀원은 성과와 결과가 주목받기를 더 선호할 수도 있어요. 그래서 팀원 개개인의 성향과 욕구를 파악하고, 그들에게 가장 의미 있는 방식으로 인정을 표현하는 게 중요해요.

셋째, 적절한 인정 방식을 사용해야 해요.

인정의 효과를 높이려면, 팀원의 태도나 행동, 성과가 조직과 팀에 미치는 영향을 고려해서 다양한 방식으로 표현해야 해요. 예를 들어, 개별 면담에서 직접 말로 표현하는 것, 팀 전체가 참여하는 자리에서 공개적으로 인정하는 것, 혹은 서면으로 메시지를 남기는 것 등 여러 가지 방법이 있어요. 중요한 건 상황과 팀원 성향에 맞춰 적절한 방식을 선택하는 거예요.

마지막으로, 진정성을 가지고 인정하는 것이에요.

무엇보다 중요한 건 진정성이에요. 진정한 인정이란, 팀원의 노력을 구체적으로 관찰하고 이해한 뒤, 진심 어린 감사와 존중을 담아 표현하는 걸 의미해요. 성과만 평가하는 것이 아니라, 팀원의 관점에서 그들의 노력과 성취가 얼마나 중요한지를 공감하며 인정하는 것이 핵심이에요. 이렇게 진정성 있는 인정이 이루어지면, 직원들의 동기부여가 강화될 뿐만 아니라 리더에 대한 신뢰도 깊어질 거예요.

이 네 가지 원칙을 실천한다면, 표면적인 칭찬을 넘어 팀원들에게

진정한 동기를 부여하고, 더 나아가 조직 내 긍정적인 문화를 형성할 수 있을 거예요."

"루이스의 이야기처럼, 인정에는 의식적인 노력이 필요하다는 점에 공감해요. 그런데 막상 실천하려고 하면 어떤 표현을 써야 할지 잘 떠오르지 않을 때가 많아요."

"나도 직원들을 인정할 때 적절한 단어를 찾는 게 쉽지는 않아요. 그래서 평소에 활용할 수 있는 표현들을 검색 하다 우연히 찾아서 따로 정리해 두었어요. 다니엘에게도 공유할 테니, 책상 앞에 붙여 놓거나 업무 노트에 적어 두고 필요할 때 참고하면 유용할 거예요."[57]

리더가 활용할 수 있는 인정 표현 가이드

• 정확한	• 단호한	• 친근한	• 설득력 있는
• 융통성 있는	• 헌신적인	• 유머 감각이 있는	• 현실적인
• 빈틈없는	• 생각이 깊은	• 존경할 만한	• 정확한
• 감사할 줄 아는	• 의지할 수 있는	• 혁신적인	• 전문가다운
• 주의력이 뛰어난	• 결심이 굳은	• 지적인	• 믿음직한
• 능력이 있는	• 솔직한	• 친절한	• 박식한
• 관심을 가져주는	• 효과적인	• 논리정연한	• 잘 반응해주는
• 창의적인	• 능률적인	• 신중한	• 자신감 넘치는
• 양심 있는	• 공정한	• 객관적인	• 사교적인
• 사려 깊은	• 미래를 내다볼 줄 아는	• 개방적인	• 꾸준한
• 건설적인	• 정직한	• 낙관적인	• 철저한
• 도전할 줄 아는	• 활달한	• 독창적인	• 지혜로운
• 협력적인	• 열정적인	• 인내할 줄 아는	• 의지가 있는

"감사합니다. 익숙한 단어들이긴 하지만, 막상 실천하려고 하면 쉽

게 떠오르지 않는 표현들이네요. 인정에 대한 관심을 가지고, 적절한 언어를 꾸준히 익히는 것이 중요하겠다는 생각이 들어요."

"맞아요. 인정은 직원들의 동기부여와 신뢰 형성에 중요한 역할을 해요. 그래서 나는 인정과 칭찬을 효과적으로 실천하기 위해 CAP 모델을 개발했어요. 이 모델은 직원의 노력, 태도, 행동, 성과를 긍정적으로 표현하는 간단하면서도 효과적인 방법이에요.

첫 번째 C는 Celebrate, 즉 축하예요.

직원의 성과와 노력을 진심으로 기뻐하며 축하하는 것이 핵심이에요. 직원이 이룬 성과가 리더나 팀 전체에 얼마나 중요한 의미를 가지는지 강조하면 효과적이에요.

예를 들어,

'이번 어려운 프로젝트를 정해진 기한 내에 성공적으로 완료한 ○○○님의 업적을 축하합니다'처럼 표현할 수 있어요.

두 번째 A는 Appreciate, 즉 감사예요.

직원의 행동과 노력에 대해 진심 어린 감사를 표현하는 단계예요. 상대방의 기여가 조직에 중요한 영향을 미쳤음을 구체적으로 전달하면 더욱 효과적이에요.

예를 들어,

'이 문제를 해결하기 위해 ○○○님이 기울인 노력에 깊이 감사드립니다. 덕분에 큰 변화를 가져왔습니다'라고 말하면 좋아요.

마지막 P는 Praise, 즉 칭찬이에요.

구체적이고 맞춤형 언어를 사용해 직원의 기여를 칭찬하는 것이 중요해요. 1차원적인 칭찬이 아니라, 행동과 성과를 연결해 의미 있

는 피드백을 제공하는 것이 핵심이에요.

예를 들어,

'이 문제에 대한 당신의 혁신적인 접근 방식은 정말 뛰어났어요. 당신 덕분에 새로운 관점을 얻을 수 있었습니다'라고 표현하면 효과적이에요.

"CAP 모델 정말 실용적이네요. 축하, 감사, 칭찬을 순차적으로 적용하면 직원들이 더 진정성 있게 느낄 것 같아요."

"팀과 함께 성공을 축하하며 시작하고, 개인의 노력을 진심으로 평가하며 감사를 표현한 뒤, 구체적인 행동을 칭찬하는 방식으로 진행하면 인정과 칭찬이 자연스럽게 통합될 수 있어요. 이 과정을 통해 직원들에게 소속감과 성취감을 심어줄 수 있죠."

"앞으로 이 모델을 활용해서 팀원들을 인정하고 칭찬하는 습관을 길러보겠습니다."

"좋은 태도예요, 직원들의 성장을 지원하는 리더로 계속 발전하길 기대할게요.

다니엘! 다음 얘기 주제는 '피드백 스킬'인데요. 지금까지 학습한 주제들 중 피드백 스킬과 관련된 내용을 리뷰하고 간단하게 메모해 오면 학습에 도움이 많이 될 겁니다."

동기부여가 단순한 권한 부여나 격려를 넘어, 직원의 욕구를 이해하고 맞춤형 접근을 해야 하는 복합적인 과정이라는 점을 깊이 깨달았습니다. 특히 직원 욕구 파악의 중요성과 인정·칭찬의 효과적인 활용법이 인상적이었어요.

1. **동기부여는 맞춤형 접근이 필요하다:** 직원마다 동기 요인이 다르기 때문에, 리더의 세심한 관찰과 대화가 필수적임을 다시금 실감했습니다.

2. **욕구를 충족하면 자발적인 행동이 이끌어진다:** 단순한 동기부여가 아니라, 직원이 원하는 가치를 이해하고 연결하는 과정이 중요하다는 걸 배웠습니다.

3. **인정과 칭찬은 강력한 동기부여 도구다:** CAP 모델(축하, 감사, 칭찬)을 활용하면 체계적으로 직원들의 기여를 인정하고 동기를 강화할 수 있다는 점이 유익했습니다.

이 배움을 바탕으로 다음과 같이 실천하겠습니다.

1. 팀원과 맞춤형 대화를 통해 동기 요인을 파악하겠습니다.

2. 직무 충실화를 통해 직원들에게 도전적인 과업을 부여하며 성취감을 높이겠습니다.

3. CAP 모델을 활용해 팀원들의 노력을 구체적으로 인정하고 피드백을 강화하겠습니다.

4. 인정을 습관화하고, 진정성 있는 피드백을 통해 팀원들의 자부심과 동기부여를 높이겠습니다.

오늘 대화를 통해 더 깊이 있는 리더십 실천 방법을 배울 수 있었습니다. 배운 내용을 적용하며, 팀의 헌신과 자율성을 높이는 리더로 성장하겠습니다.

다니엘 드림

동기부여의 개념

- 사람들에게 행동하게 만드는 추진력, 인센티브, 욕구, 그리고 욕망을 제공하는 것
- 동기부여의 과정

리더의 자기중심적 편향egocentric bias

- 타인의 생각과 욕구가 자신과 유사할 것이라고 믿는 경향으로 리더가 자신과 구성원의 동기부여 원천이 유사할 것이라고 믿는 원인

인정 vs. 칭찬

구분	인정	칭찬
기준	객관적 사실	주관적 평가
초점	노력과 존재 자체	결과와 성취
표현 방식	중립적, 사실 기반	감정적, 극적인 표현
효과	안정감과 신뢰 형성	기쁨과 동기 부여

인정해야 할 요소

- 모든 일의 중요성
- 완결된 일의 질
- 사람에 대한 인정

효과적인 인정을 위한 원칙

1. 인정의 습관화
2. 구성원의 각자의 동기가 되는 대상 파악 후 인정
3. 적절한 인정 방식 사용
4. 진정성 있는 인정

인정과 칭찬실천을 위한 CAP모델

- CCelebrate: 직원의 성과와 노력을 진심으로 기뻐하며 축하
- AAppreciate: 직원의 행동과 노력에 대해 진심 어린 감사 표현
- PPraise: 구체적이고 맞춤형 언어를 사용해 직원의 기여를 칭찬

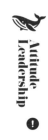

7 행동 변화를 이끄는 마스터키, 피드백

피드백은 조언이 아니다. 직원들의 행동을 변화시키고 동기를 부여하며 조직의 성과를 높이는 강력한 리더십 도구다. 하지만 현실에서는 불명확하거나 일방적인 피드백이 오히려 동기를 저하시키는 경우가 많다.

이 장에서는 피드백의 본질과 중요성을 탐구하며, 효과적인 피드백을 위한 원칙과 FIT 모델Fact, Impact, To-Do을 활용한 실천 전략을 제시한다. 긍정적 피드백과 교정적 피드백을 상황에 맞게 적용하는 방법을 살펴보고, 신뢰를 기반으로 한 피드백의 중요성을 강조한다. 또한, 피드백이 조직의 성과를 높이고 팀원들의 성장을 촉진하는 리더십의 핵심 요소임을 다룬다.

01 리더십의 핵심 도구, 피드백

"오늘은 약방의 감초 같은 피드백 스킬에 대해 이야기해 보려고 합니다."

"지난 번에 내 주신 과제를 하면서 루이스가 피드백을 약방의 감초라고 표현하시는 이유를 확실히 이해했어요. 리더십에서 피드백이 연관되지 않는 부분이 없더라고요"

"그렇죠! 그럼 다니엘이 정리한 내용을 한번 들어볼까요?"

"네. 피드백은 리더의 자기 인식을 높이고, 직원들의 업무 몰입을 촉진하고, 자기결정이론에서 유능성 욕구를 충족시키는 중요한 요소로 다루어집니다. 또한, 조절초점이론에서는 촉진 초점과 예방 초점에 따라 피드백 방식이 달라지고, 확장-구축 이론에서는 팀의 변화를 이끄는 전략으로 활용됩니다. 뿐만 아니라, 업무 지시, 임파워먼트, 동기부여 등에서도 피드백이 중요한 스킬이라는 걸 확인했어요."

"꼼꼼하게 살펴봤네요. 피드백은 리더십의 거의 모든 영역과 연결된다고 할 수 있어요. 다니엘이 얘기한 것 외에도 성과 관리와 갈등

해결에도 반드시 필요하죠. 그 이유는 피드백이 변화를 이끄는 핵심 도구이기 때문입니다. 변화는 결국 개인이 스스로 자신의 문제를 인식하는 데서 시작됩니다. 하지만 많은 경우, 사람들은 자신의 문제를 스스로 깨닫지 못하는 경우가 많아요.

"네 그런 것 같네요. 아이의 문제 행동이나 부부 갈등을 다루는 TV 프로그램을 보면, 출연자들이 처음에는 자신의 문제를 전혀 인식하지 못하다가 자신의 모습을 관찰한 영상으로 피드백을 받으면서 변화하는 모습을 본 것 같습니다."

직원 성과 저하의 원인

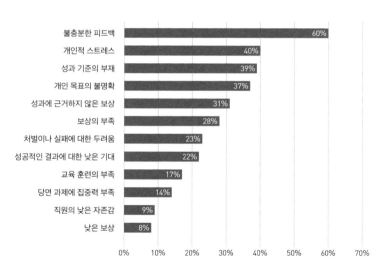

출처 : closing the human performance gap, the conference board, 1994

"맞습니다. 피드백은 변화를 이끄는 도구가 아니라, 실제로 성과에도 직접적인 영향을 미칩니다. 성과 부진에 대한 한 연구에서는, 성과가 저조한 원인 13가지 중 불충분한 피드백이 가장 악영향을 미치는 요인으로 꼽혔어요. 그리고 나머지 12가지 원인도 대부분 피드백과 깊이 연결돼 있죠.

예를 들면, 성과 기준의 부재, 개인 목표의 불명확성, 성과에 근거하지 않은 보상, 보상의 부족, 처벌이나 실패에 대한 두려움, 성공적인 결과에 대한 낮은 기대, 직원의 낮은 자존감, 낮은 보상 수준 같은 것들은 피드백이 부족하거나 그 방식이 잘못됐을 때 나타날 수 있는 문제라고 볼 수 있습니다."

"솔직히 말하면, 직장 생활을 하면서 지적을 받거나 혼난 적은 많았지만, 제대로 된 피드백을 받아본 기억은 거의 없어요. 그래서 피드백에 대한 이야기를 들을 때마다 '정말 저렇게 하는 게 가능할까?' 하는 의문이 들기도 하고, 사실 그다지 중요하다고 느끼지 못했던 것 같아요."

"다니엘의 이야기를 들으니, 어떤 리더십을 경험했느냐가 피드백에 대한 인식에 큰 영향을 미친다는 생각이 드네요. 흥미로운 실험 사례가 하나 있는데, 소개해 줄게요.

몇 주간 집중 훈련을 마친 뒤 특수부대 입대를 앞둔 병사들을 대상으로 한 행군 실험이 있었어요. 병사들은 네 그룹으로 나뉘어 같은 날, 같은 지역에서 20km를 행군했는데, 서로 연락은 할 수 없게 했죠.

첫 번째 그룹은 목표 지점을 명확히 안내받았고, 행군 도중에도 자

신의 진척 상황을 지속적으로 피드백받았어요. 두 번째 그룹은 '긴 행군이 될 것이다'라는 말만 들었을 뿐, 목표 거리나 현재 진행 상황에 대한 정보를 전혀 받지 못했죠.

세 번째 그룹은 15km를 가야 한다고 들었지만, 14km 지점에서 '6km를 더 가야 한다'는 추가 정보를 전달받았어요. 네 번째 그룹은 25km를 가야 한다고 들었지만, 14km 지점에서 '6km만 더 가면 된다'는 반가운 소식을 들었어요.

이 실험은 각 그룹이 얼마나 빨리 완주했는지, 그리고 어떤 그룹이 가장 큰 스트레스를 받았는지를 측정하는 연구였어요. 다니엘, 어느 그룹이 가장 좋은 성적을 냈을 것 같나요?"

"상식적으로는 첫 번째 그룹이 가장 좋은 성적을 냈을 것 같고, 두 번째 그룹이 가장 저조했을 것 같은데… 세 번째 그룹과 네 번째 그룹은 조금 헷갈리네요."

"맞아요. 예상대로 첫 번째 그룹이 가장 높은 기록을 냈고, 스트레스 수준도 가장 낮았어요. 목표 지점과 현재 상황을 명확하게 알고 있었기 때문이죠. 그다음으로 좋은 성적을 낸 건, 15km만 가면 된다고 들었던 세 번째 그룹이었어요.

세 번째로 높은 성적을 낸 건, 먼 거리를 행군해야 한다고 들었다가 14km 지점에서 '6km만 더 가면 된다'는 반가운 소식을 들은 네 번째 그룹이었고요. 반면, 목표나 거리 정보를 전혀 받지 못했던 두 번째 그룹이 가장 저조한 성과를 냈습니다."[58]

"여러 가지로 시사점을 주는 실험이네요. 리더가 처음부터 방향과 목표를 명확하게 설정하고, 진행 상황에 대해 지속적으로 피드백을

주는 것이 사람들이 최선을 다하도록 돕고, 성취에 큰 영향을 미친다는 걸 알게 됐어요."

"맞습니다. 그래서 저는 '명확한 목표' '방향 설정' 그리고 '지속적인 피드백'을 '성과를 위한 환상의 세트'라고 부르고 싶어요."

02 긍정적 피드백 vs. 교정적 피드백

"피드백의 중요성을 충분히 이야기했으니, 이제 피드백의 구체적인 유형을 살펴볼까요? 피드백은 크게 긍정적 피드백과 교정적 피드백으로 나뉩니다.

긍정적 피드백은 직원의 긍정적인 행동을 강화해 지속적으로 유지하도록 돕는 역할을 합니다. 교정적 피드백은 부정적인 행동을 인식시키고, 이를 개선할 방향을 제시하는 데 초점을 맞춥니다."

"긍정적 피드백은 업무 몰입을 주제로 얘기할 때 직원의 자존감과 자기효능감을 높여서 몰입을 높이는 데 도움이 된다는 것을 알고 있습니다."

"맞아요. 긍정적 피드백은 직원의 인정 욕구와 자존감을 충족시켜, 자신의 노력이 인정받고 있다고 느끼게 합니다. 그런데 이처럼 중요한 긍정적 피드백이 실제 현장에서는 잘 실천되지 않는 경우가 많아요.

한 연구에서 리더들에게 '당신은 직원들이 일을 잘하고 있을 때, 잘하고 있다고 알려 줍니까?'라는 질문을 했어요. 혹시 5점 척도에서

평균 몇 점이 나왔을 것 같나요?"

"제 기준으로 볼 때는 3.0이 넘지 않을 것 같은데요."

"놀랍게도 리더들은 스스로 평균 4.3점이라는 매우 높은 점수를 부여했어요. 그런데 같은 리더들의 직원들에게 '당신의 상사는 당신이 일을 잘하고 있을 때, 잘하고 있다고 알려줍니까?'라고 질문했을 때, 평균 2.3점이라는 낮은 점수가 나왔죠. 결국 그 리더들의 긍정적 피드백 수준은 4.3점일까요? 아니면 2.3점일까요?"[59]

"2.3점이 그 리더들의 실제 긍정적 피드백 수준이겠죠."

"맞아요. 리더들이 자기 인식을 정확하게 하지 못하고 있다는 방증이죠. 결국 피드백의 효과는 리더 자신이 어떻게 평가하느냐가 아니라, 직원들이 어떻게 인식하느냐에 달려 있어요."

"설문조사 결과를 보니, 저도 긍정적 피드백을 더 의식적으로 실천해야겠다는 생각이 들어요."

"맞아요. 하지만 긍정적 피드백만큼이나 교정적 피드백도 매우 중요합니다. 교정적 피드백은 직원의 성장 욕구를 자극하고, 부족한 부분을 개선하며, 새로운 목표를 설정하는 데 도움을 줍니다.

교정적 피드백과 업무 몰입에 대한 연구를 보면, 상사로부터 교정적 피드백을 받은 직원들이 피드백을 거의 받지 못했거나 아예 받지 못한 직원들보다 업무에 집중하는 경향이 20배나 높았다고 해요. 또한, 피드백을 거의 하지 않거나 전혀 하지 않는 상사와 일하는 직원의 98%가 업무에 집중하지 못했다는 연구 결과도 나왔어요."[60]

03 피드백의
세 가지 원칙

"저는 피드백의 중요성을 인식하는 것도 중요하지만, 어떻게 전달하느냐가 더 중요하다고 생각해요. 상사의 피드백이 도움이 되기는커녕 불편하거나 의욕을 떨어뜨리는 시간이 되어서는 안 되잖아요. 피드백을 효과적으로 하기 위해 어떤 원칙을 지켜야 할까요?"

"다니엘이 말한 불편하고 의욕을 떨어뜨리는 시간이라는 표현이 인상적이네요. 리더십의 본질에 대해 다시 생각하게 만드는 중요한 지적이에요.

리더의 피드백이 구성원들에게 그렇게 느껴진다면, 이는 리더십의 핵심 역할인 기대하는 태도와 행동을 이끌어내는 것에서 벗어나게 되는 거죠. 피드백은 단순히 말하는 것이 아니라, 리더가 피드백을 통해 구성원들에게 긍정적이고 생산적인 반응을 이끌어내야 한다는 의미를 담고 있어요. 저는 효과적인 피드백을 위해 반드시 지켜야 할 세 가지 원칙이 있다고 생각합니다.

첫째, '상사는 하나의 역할이지, 가치 판단의 주체는 아니다'라는 인식을 가져야 합니다. 리더는 직원들에게 지시하고 피드백을 주는 역할을 하지만, 그렇다고 해서 인간적으로 우월한 존재는 아닙니다.

피드백을 명분 삼아 상대방을 무시하거나 함부로 대하는 일은 절대 있어선 안 됩니다."

"그 말에 정말 공감합니다. 실무자로 일할 때는 상대를 배려하고 공감하던 사람이, 상사가 되면 그런 모습을 잃고 변하는 모습을 종종 봤습니다."

"그게 바로 '권력의 역설Power Paradox'입니다. 권력을 가지게 되면 오히려 공감, 겸손, 배려 같은 중요한 사회적 능력이 약해지고, 권력을 유지하거나 긍정적으로 활용하는 능력도 약해질 수 있어요.

대처 켈트너Dacher Keltner와 연구팀은 권력이 공감 능력에 미치는 영향을 연구했습니다.[61] 그들은 권력을 가진 사람들이 타인의 감정과 관점을 이해하는 능력이 감소하는 현상을 발견했죠. 흥미로운 실험도 진행했어요. 참가자들을 두 그룹으로 나누어 한 그룹은 상사나 리더 역할을 맡아 권력을 느끼게 했고, 다른 그룹은 권력이 없는 일반 직원 역할을 부여받았습니다. 결과는 예상을 넘어서 충격적이었죠. 권력을 가진 그룹은 타인의 표정을 읽는 능력이 떨어졌고, 중립적인 표정을 부정적으로 해석하거나 덜 정확하게 인식하는 경향이 있었습니다. 이 실험은 권력이 사람을 타인의 감정 변화에 덜 민감하게 만들 수 있다는 점을 보여주었죠.[62]

또 다른 실험에서는 참가자들이 얼굴 표정을 보고 감정을 맞추는 테스트를 했습니다. 권력을 가진 참가자들이 타인의 감정을 정확히 읽는 데 어려움을 겪었죠. 결국, 권력이 공감 능력을 저하시킬 수 있다는 것을 확실히 증명한 실험이었어요.[63]

이와 같은 연구들은 뇌 과학적으로도 분석되었습니다. 연구자들

은 fMRI기능적 자기 공명 영상 장치를 사용해 타인의 감정을 볼 때 뇌에서 어떤 부분이 활성화되는지 살펴보았죠. 그 결과, 공감과 관련된 뇌 영역인 측두-두정 접합부TPJ의 활동이 권력을 가진 사람들에게서 감소했다는 사실을 발견했습니다. 이 역시 권력이 타인의 입장을 이해하거나 공감하는 능력을 약화시킬 수 있다는 중요한 단서가 되었죠.[64]

뿐만 아니라, 권력은 자의적인 행동을 증가시킬 수 있다는 연구도 있습니다. 예를 들어, 권력을 가진 참가자들은 작은 규칙을 자주 위반하거나, 대화 중 타인의 말을 끊고 자기 의견을 고집하는 경향을 보였죠. 이러한 행동은 상대방을 존중하지 않는 결과를 초래할 수 있습니다."

"권력이 사람을 움직이게 하는 원천인 건 분명하지만, 그로 인해 부작용이 있을 수 있다는 점이 이해됩니다. 그래서 리더들이 왜 이해할 수 없는 행동을 하는지 조금 알 것 같아요."

"맞아요. 그래서 리더십에서는 권력을 어떻게 사용하는지가 중요할 뿐만 아니라, 자기 인식을 높이기 위해 구성원들과 소통하고 피드백을 수용하는 것이 필요합니다.

그리고 효과적인 피드백을 위한 두 번째 원칙은 '관찰 가능한 사실과 행동에 대해 언급하는 것'입니다. 피드백은 상대방의 행동과 그 행동이 미친 영향을 알려주는 과정인데, 추상적이거나 개인적인 판단을 담으면 수용성이 떨어질 수밖에 없어요. 다니엘 예를 들어, '요즘 너무 느슨한 것 아니야? 정신 바짝 차려야지.' 이런 말을 상사에게 들어본 적이 있나요."

"영업조직에 있을 때 흔히 듣던 말입니다"

"그럴 때 기분이 어땠나요?"

"솔직히 말하면, 열심히 하고 있는데 도대체 뭘 더 열심히 하라는 건지 답답하기도 하고, 짜증이 나기도 했습니다. 그런데 그런 말을 자주 듣다 보니 그냥 지나가는 말처럼 들리게 되더군요."

"그 팀장님은 분명 이유가 있어서 피드백을 했겠죠. 그런데 구체적이지 않아서 그렇게 반응한 거예요. 예를 들어, 성과가 부족하다면 이렇게 말했어야 해요. '지난달 약속한 목표를 달성하지 못했고, 이번 달도 현재 예상보다 70% 수준에 머물고 있어요.' 이렇게 구체적으로 얘기하면 피드백을 받는 사람도 상황을 명확하게 이해하고, 무엇을 개선해야 할지 알 수 있죠."

"맞아요. 그렇게 말하면 더 이상 할 말이 없고, 스스로 더 열심히 해야겠다고 생각하게 될 것 같아요."

"팀워크가 안 좋은 팀원에게 피드백을 주고 싶다면, 어떻게 말하는 게 좋을까요?"

"'지난 두 번의 회의에서 다른 팀원의 의견을 끊고, 협의된 방식을 따르지 않았어요.' 이렇게 구체적으로 말하는 게 효과적일 것 같아요."

"정확해요. 관찰 가능한 사실과 행동에 중점을 두고 표현하면, 상대방도 문제를 명확히 이해하고 무엇을 바꿔야 할지 알 수 있죠.

마지막으로, 효과적인 피드백의 세 번째 원칙은 '완전한 솔직함 Radical Candor'입니다. 이 개념은 킴 스콧Kim Scott의 책 『실리콘밸리의 팀장들』에서 강조된 핵심 메시지인데요.[65] 많은 리더들이 피드백

이 팀원에게 상처를 줄까 봐 걱정하거나, 피드백을 주는 과정에서 자신이 상처받는 걸 걱정해 피드백을 꺼려하곤 해요. 하지만 완전한 솔직함은 그런 우려를 넘어, 팀원의 성장과 문제 해결을 돕는 데 필수적인 태도입니다.

완전한 솔직함은 단순히 비판하거나 칭찬하는 것이 아니라, 팀원에게 개인적인 관심을 갖고 직접적이고 명확하게 대화를 나누는 거예요."

"그럼 개인적인 관심을 가진다는 건, 어떤 의미인가요?"

"우선, 팀원의 업무 성과에만 집중하는 것이 아니라, 그 사람의 성장과 복지에도 진정으로 관심을 가져야 해요. 예를 들어, 팀원이 목표를 달성하지 못했을 때 '왜 성과가 이 모양이야?'라고 묻는 대신, '어려움을 겪고 있는 이유가 무엇일까요? 내가 도와줄 방법이 있을까요?'라고 물어보는 것이죠. 리더는 팀원의 장단점을 이해하고, 그들이 성장할 수 있도록 돕는 역할이 가장 중요해요."

"그저 결과만을 보고 지적하는 게 아니라, 팀원이 왜 그런 상황에 처했는지 이해하려는 노력이 필요하다는 말씀이군요."

"정확히 맞아요! 그리고 두 번째로 중요한 건 직접적인 대립Direct Challenge입니다. 피드백을 모호하게 전달하거나 지나치게 포장하지 않고, 솔직하고 명확하게 전달하는 것이 중요해요. 물론 정중하게 말해야 하지만, 개선이 필요한 부분에 대해서는 분명히 지적해야해요."

"그럼 어떻게 말해야 할까요?"

"예를 들어, 팀원이 프로젝트 보고서를 작성했는데 내용이 부족하

다고 느껴졌다면, '보고서가 별로예요.' 이렇게 애매하게 말하는 대신, '이번 프로젝트 보고서는 팀의 기준에 미치지 않았어요. 다음에는 더 구체적인 데이터를 추가하고, 분석을 강화하는 것이 좋겠어요. 우리 같이 개선 방법을 논의해 봅시다.' 이렇게 명확하게 이야기하는 거죠."

"그렇게 말하면 팀원도 피드백의 의도를 정확히 이해하고, 어떻게 고쳐야 할지 방향을 잡을 수 있겠네요."

04 효과적인 피드백을 위한
FIT 모델

"'완전한 솔직함'이라는 표현에서 '진정성'이 떠올라요. 진심을 담아 피드백을 건네는 걸 넘어, 그 사람이 그 피드백을 받아들이고 변화할 수 있는 방법까지 고민하는 게 진정성이라고 생각해요."

"정확한 해석이에요. 리더십의 핵심은 원하는 태도를 이끌어내기 위해 가장 효과적인 방법을 선택하는 데 있죠. 다니엘이 말한 진정성과 우리가 이야기한 '완전한 솔직함'은 같은 맥락에서 리더십을 더 강하게 만들어주는 중요한 요소예요."

"그런 면에서 영화감독 장항준이 떠오르네요. 예능 프로그램에서 영화배우들이 감독님에 대해 이야기하는 걸 본 적이 있어요. 촬영 현장에서 스태프들에게 '화를 내거나 짜증을 내는 사람과는 일하고 싶지 않다'고 하면서 모두가 행복하게 일하기를 바란다고 말씀하신다고 하더라고요. 그리고 장 감독님은 다른 사람들의 시선을 받지 않게끔 몰래 오셔서 피드백을 주신다고 해요.

장 감독님은 배우를 존중하며 피드백을 하는 이유를 다음과 같이 설명했어요. '유명한 배우든 유명하지 않은 배우든 배우로서 자존심

이 있잖아. 모두가 있는 자리에서 자존심이 상하잖아 그러면 그거 신경 쓰느라고 연기가 안 돼.'"

"정말 좋은 사례네요. 장 감독님의 방식은 '완전한 솔직함'과 '진정성'이 잘 조화를 이루고 있군요. 다니엘이 피드백을 줄 때 참고할 만한 좋은 방법을 소개해 드릴게요. 저는 FIT 모델을 자주 활용해요.[66]

"FIT 모델이요? 단어 자체가 직관적이네요."

"네 FIT는 세 가지 단계로 이루어진 피드백 방식이에요. 첫 번째 'F'는 Fact, 즉 상대방이 했던 구체적인 행동을 말하는 거예요. 긍정적인 행동이든, 개선이 필요한 행동이든 구체적으로 짚어주는 게 중요하죠.

두 번째는 'I', Impact입니다. 여기서는 상대방의 행동이 어떤 영향을 미쳤는지를 설명해요. 행동이 조직이나 다른 사람들에게 끼친 긍정적 혹은 부정적 효과를 솔직하게 전달하는 거예요.

마지막으로 'T', To-do입니다. 상대방에게 앞으로도 지속했으면 하는 행동이나, 개선해야 할 점을 명확하게 제안하는 거죠.

만약 팀원이 프로젝트 회의에서 적극적으로 의견을 제시하고, 다른 팀원들의 의견을 잘 수용하면서 회의를 성공적으로 이끌었다면, 이 상황에서 FIT 모델을 어떻게 적용할 수 있을까요?"

"네, 이렇게 말할 수 있을 것 같아요.

Fact: 이번 프로젝트 회의에서 발표 후, 다른 팀원들의 의견을 주의 깊게 듣고 각 의견을 반영해 팀의 방향성을 잘 조정했네요.

Impact: 덕분에 모든 팀원이 자신의 의견이 존중받고 있다고 느꼈

고, 협업 분위기가 훨씬 좋아졌습니다. 팀의 목표도 더 명확해졌고, 모두가 같은 방향으로 나아갈 수 있었어요.

To-do: 앞으로도 회의에서 의견을 적극적으로 조율하는 모습을 보여주시면 팀원들이 더 적극적으로 참여할 거예요. 이는 프로젝트 성공에 큰 도움이 될 겁니다."

"아주 좋은 예시네요. 훌륭합니다. FIT 모델을 사용하면 이렇게 피드백의 핵심 원칙을 지키면서 상대방에게 분명하고 긍정적인 메시지를 전달할 수 있죠. 그렇다면 이번에는 교정적 피드백 사례를 생각해 볼까요? 직원이 요청받은 1/4분기 보고서를 늦게 제출한 상황에서 어떻게 피드백을 할 수 있을까요?"

"음, 이렇게 하면 좋을 것 같아요."

Fact: 이번 1/4분기 보고서 제출 기한보다 하루 늦게 제출했네요.

Impact: 이로 인해 팀 전체 일정이 지연되었고, 다른 팀원들도 계획을 조정해야 했습니다.

To-do: 다음부터는 제출 기한 전에 현재 진행 상황을 공유해 주시면 좋겠습니다. 혹시 어려움이 있다면 미리 알려주시면 팀이 지원할 수 있을 거예요. 이렇게 하면 일정에 맞춰 효율적으로 작업을 진행할 수 있습니다."

"완벽한데요. 특히 To-do 부분에서 개선 방향을 명확히 제시한 점이 좋습니다. 하지만 교정적 피드백을 할 때는 한 가지 더 중요한 점이 있어요. 상대에게 문제 행동의 이유나 의견을 물어보는 것도 효과적이에요. '제출이 늦어진 이유가 무엇인가요?'라고 질문하면 상대의 사정을 이해할 수 있고, 대화가 더 원활해질 수 있죠."

"그런 것 같아요. 상대방의 사정을 물어보면 감정적인 갈등도 줄어들 것 같아요. '제출이 늦었어요'라고 지적하는 것보다 훨씬 낫겠다는 생각이 드네요. 그런데 루이스, 피드백이 항상 효과적일 수 있을까요?"

"꼭 그렇진 않아요. 특히 교정적 피드백의 경우에는 상황에 따라 신중해야 할 때가 많습니다. 팀원이 이미 자신의 실수를 깨닫고 반성한 상태라면, 추가 피드백은 오히려 자존감과 자신감을 떨어뜨릴 수도 있어요. 그럴 경우, 피드백이 리더와 팀원 간 신뢰를 약화시키고, 부정적으로 받아들여질 가능성이 높아지죠."

"피드백이 반복되면 효과가 더 떨어질 수도 있겠네요?"

"지나친 반복은 피드백을 '중요하지 않은 의견' 정도로 느끼게 만들 수 있어요. 그러면 정말 필요한 순간에 피드백이 효과적으로 전달되지 않을 수 있죠. 이런 상황에서는 팀원이 이미 문제를 인식하고 있다면, 굳이 반복해서 지적하기보다는 긍정적인 언급과 격려를 통해 자율성을 존중해주는 것이 더 효과적이에요.

이렇게 말해보는 거예요. '이미 상황을 잘 파악하고 스스로 개선 방법도 생각해둔 점이 정말 좋네요.' 이렇게 팀원의 문제 인식을 긍정적으로 언급하면, 팀원은 자신의 노력을 존중받고 있다는 느낌을 받을 수 있어요.

또, '앞으로 어려움이 생기면 언제든지 나에게 이야기해줘도 좋고, 필요하면 지원할 방법도 같이 고민해볼게요'라고 말하면, 도움을 요청할 수 있는 환경을 만들어주는 동시에 자율성을 침해하지 않으면서 지원 의사를 전달할 수 있죠.

마지막으로, '이 경험을 통해 더 성장할 거라고 믿어요. 스스로 잘 해결해 나갈 수 있을 거예요'라고 격려하면, 팀원이 더 큰 동기를 가지고 문제를 해결할 수 있을 거예요."

"피드백은 지적에 머무르지 않고, 자율성과 동기를 높이는 데 중요한 역할을 하는군요."

"맞아요. 그런데 피드백의 효과를 떨어뜨리는 가장 근본적인 원인 중 하나는 바로 관계예요. 상담 분야에서는 이런 말을 자주 하죠. '관계가 나쁘면 교정하지 마라.' 이 말은 상담자와 내담자 사이에 신뢰가 없으면 교정적 피드백이나 비판적인 조언을 하지 말라는 뜻이에요. 신뢰가 없는 상태에서 피드백은 오히려 부정적인 반응만 불러일으킬 수 있거든요."

"크레인Thomas G. Crane도 비슷한 말을 했어요. '라포 없는 피드백은 소음에 불과하다without rapport, feedback is just noise.'[67] 상대방과 신뢰를 쌓지 못했다면, 그 사람이 하는 말을 귀담아듣지 않을 가능성이 높다는 의미죠."

"저도 정말 공감합니다. 결국, 메신저를 받아들여야 메시지를 받아들인다는 말이 딱 들어맞는 것 같아요."

"정말 맞는 말이에요, 다니엘. 결국 리더십에서 피드백은 기술일 뿐만 아니라, 관계를 바탕으로 하는 소통의 도구라는 걸 기억해야 합

니다. 오늘은 여기까지 하고 마무리할까요? 이제 우리가 계획한 마지막 세션만 남았네요. 그 세션에서는 지금까지 다룬 내용을 종합적으로 정리해볼 거예요."

"오늘 정말 많은 걸 배웠습니다. 특히 피드백 스킬이 일상적인 업무 상황뿐 아니라 다양한 상황에서 활용될 수 있다는 점이 인상 깊었어요. 감사합니다, 루이스."

"저도 고마워요, 다니엘. 다음 세션에서 또 봅시다!"

피드백은 지적이나 평가가 아니라, 변화와 성장을 이끄는 리더십의 핵심 요소라는 점을 깊이 깨달았습니다. 특히 리더의 역할 인식, 관찰 가능한 사실에 집중, 완전한 솔직함이라는 피드백의 핵심 원칙과 FIT 모델Fact, Impact, To-Do이 인상적이었습니다.

1. **피드백은 리더십의 필수 도구다:** 피드백은 동기부여, 성과관리, 갈등 해결과 밀접하게 연결된 강력한 리더십 수단입니다.
2. **피드백의 유형과 효과를 이해해야 한다:** 긍정적 피드백은 구성원의 자존감과 자기효능감을 높이고, 교정적 피드백은 성취욕구를 높이고 부족한 부분을 개선하는 데 필수적입니다.
3. **관계가 피드백의 효과성을 좌우한다:** 신뢰 없는 피드백은 소음에 불과하며, 리더와 팀원 간 신뢰가 기반이 되어야 효과적이라는 점을 실감했습니다.

이 배움을 바탕으로 다음과 같이 실천하겠습니다.

1. 피드백의 진정성을 유지하며, 팀원과의 관계를 더욱 강화하겠습니다.
2. 긍정적·교정적 피드백 모두 FIT 모델을 활용해 명확하고 수용 가능한 방식으로 전달하겠습니다.
3. 작은 행동과 성과에도 피드백을 습관화해, 팀원들이 인정받고 있다

는 느낌을 가질 수 있도록 하겠습니다.

4. 문제 해결을 강요하기보다, 팀원이 스스로 문제를 인식하고 해결책을 찾을 수 있도록 자율성을 지원하겠습니다.

이번 대화를 통해 피드백이 기술적인 측면에만 머무르지 않는다는 걸 깨달았습니다. 오히려, 신뢰와 변화를 만드는 리더십의 본질적인 요소라는 점을 배웠습니다. 실천을 통해 팀과 함께 성장하는 리더가 되겠습니다.

다니엘 드림

효과적인 피드백을 위한 세 가지 원칙

1. 상사는 하나의 역할이지 가치판단의 주체가 아니다

2. 관찰 가능한 사실과 행동에 대해 언급하라

3. 완전한 솔직함을 추구하라

효과적인 피드백 모델 FIT

1. Fact: 특정한 상황에서 상대의 긍정적 / 부정적 행위

2 Impact: 행동이 조직이나 다른 사람에 끼친 긍정적 혹은 부정적 효과/영향

3. To-do: 지속하기를 바라는 행동 도는 개선해야 할 점

8 탁월한 리더는 밀당의 고수다

팀을 이끄는 것은 단순하지 않다. 실시간으로 교통상황을 반영하여 다른 길을 안내하는 네비게이션처럼 상황에 맞게 변화하며 균형을 유지하는 역량이 필요하다. 밀기Push와 당기기Pull 리더십은 각각 명확한 목표 설정과 책임 부여, 자율성과 동기 부여를 강조한다. 리더십의 효과성은 이 두 가지 전략을 상황에 맞게 적절히 조화해 활용할 때 높아진다.

조지프 포크먼Joseph Folkman의 연구에 따르면, 밀기와 당기기를 균형 있게 사용하는 리더는 직원들의 자신감과 만족도를 동시에 높이며 조직의 목표 달성에도 뛰어난 성과를 보인다. 즉, 특정 스타일에 갇히기보다 팀의 상황과 필요에 따라 최적의 리더십을 선택하는 것이 중요하다.[68] 이번 마지막 장에서는 밀기와 당기기 리더십의 핵심 개념과 실천 전략을 탐구한다. 다양한 사례를 통해 두 스타일의 효과를 살펴보고, 이를 조화롭게 적용하는 방법을 구체적으로 제시한다. 이를 통해 단기 성과와 장기 성장을 동시에 이끌어내는 유연한 리더십의 완성에 한 걸음 다가가게 될 것이다.

01 밀기 vs. 당기기: 리더십의 균형

"오늘은 그동안 나눴던 대화를 정리하며 마무리하는 시간이군요. 혹시 더 궁금하거나 추가로 다루고 싶은 주제가 있나요?"

"정말 많은 것을 배운 시간이었습니다. 특히 조직의 목표를 달성하기 위해 직원들에게 기대하는 태도를 먼저 확인하고, 그들의 욕구를 충족시키는 리더십 행동과 환경을 만들어야 한다는 점이 인상 깊었어요. 하지만 지금까지 말씀하신 내용들이 제가 현장에서 직접 경험한 리더십과는 꽤 다른 측면이 있어서, 실제로 적용할 수 있을지 걱정이 됩니다. 물론 루이스와 학습한 내용들이 리더십의 효과성을 높여 준다는 것은 잘 이해하고 있습니다."

"무슨 이야기인지 충분히 이해가 됩니다. 우리가 다룬 내용을 되짚어 보면, 리더십의 본질과 메커니즘, 업무 몰입, 솔선수범, 신뢰, 자율성부터 시작해 조절초점 이론, 확장구축 이론, 교차 이론까지 살펴봤죠. 실천적 관점에서는 팀 규범 설정, 업무 지시와 통제, 심리적 소유감, 임파워먼트, 동기부여, 마지막으로 피드백에 대해 논의했어요. 말씀하신 대로 피드백이나 업무 지시 같은 구체적인 요소를 제외하

면, 대부분은 팀원의 에너지와 잠재력을 이끌어내는 부드러운 리더십 스타일에 중점을 둔 내용이었습니다. 다니엘이 경험했던 대표적인 리더십 스타일은 어땠나요?"

"과거에 한 영업팀장님과 함께 일했던 경험이 떠오릅니다. 그 팀장은 성과 압박이 심해지면 직원들을 강하게 몰아붙이는 스타일이었어요. 실적이 저조하면 회의실로 모든 직원을 불러 꾸짖곤 했고, 직원들은 당일 실적이 없으면 현장에서 사무실로 복귀하는 것조차 두려워했습니다. 단기적으로는 성과가 올랐지만, 팀원들은 스트레스를 많이 받았고 자발적인 협력은 거의 없었습니다."

"그런 경험은 생각보다 흔합니다. 포크먼의 연구에 따르면, 10만 명의 리더를 대상으로 한 360도 평가에서 76%의 리더가 지시 중심의 밀기Push 리더십 스타일을 선호한다고 답했습니다. 반면, 자율과 참여를 중시하는 당기기Pull 스타일을 사용하는 리더는 22%에 불과했고, 두 가지를 조화롭게 사용하는 리더는 겨우 2%였습니다."[69]

"그 정도로 자율적이고 참여적인 리더십이 드물다면, 현실적으로 실천이 어렵다는 의미 아닌가요?"

"어느 정도 일리가 있는 말이에요. 다만 여기서 중요한 점은, 밀기 리더십이 반드시 강압적이거나 직원을 함부로 대하는 것을 의미하지는 않는다는 겁니다. 밀기는 리더가 명확한 방향성을 제시하고 팀을 이끄는 행동을 말하며, 그 자체로는 매우 중요한 리더십 전략 중 하나입니다.

다니엘이 경험했던 상사는 독성이 짙은 밀기 스타일이었다고 볼 수 있습니다. 요즘 기준으로 보면, 그런 스타일은 지나치게 강압적이

고 직원들에게 부정적인 영향을 줄 수 있어 '갑질 상사'로 여겨질 가능성이 높죠. 물론, 이런 강한 밀기 방식이 단기적으로는 성과를 낼 수 있습니다. 하지만 장기적으로는 팀의 사기와 창의성을 떨어뜨릴 위험이 큽니다.

중요한 건 밀기 스타일이 잘못되었다고 단정 짓는 게 아니라, 어떤 상황에서 어떤 방식이 적합한지를 이해하고, 이를 다른 방식과 조화롭게 활용하는 것입니다. 이렇게 하면 밀기의 장점을 살리면서도 팀에 긍정적인 영향을 미칠 수 있죠."

리더 주도와 지시 vs. 참여와 협력

　"성과를 내기 위한 리더십 전략에는 크게 두 가지가 있어요. 첫 번째는 밀기입니다. 리더가 명확한 지침을 주고, 기한과 책임을 설정하며 팀원들을 목표로 이끄는 방식이죠. 긴급한 상황이나 단기 목표 달성에 정말 효과적이에요."

　"그럼 두 번째 방식은 뭔가요?"

　"두 번째는 당기기입니다. 리더가 직원들에게 영감을 주고 동기를 부여하며, 자율성과 창의성을 존중하는 방식이에요. 이 방식은 복잡한 문제를 해결하거나 장기적인 목표를 이룰 때 적합하죠. 중요한 건 이 두 가지가 대립적인 게 아니라 서로 보완한다는 거예요."

　"결국 상황에 따라 적절히 선택해야 한다는 말씀이군요."

　"맞아요. 포크먼은 밀기와 당기기를 모두 잘 사용하는 리더가 직원들에게 조직 목표 달성에 대한 자신감과 직장 만족도를 가장 높게 제공한다고 강조했어요. 한쪽만 사용하는 리더는 그 효과가 제한적이었죠."

　"그 차이가 어느 정도인지 궁금하네요?"

"3,875명의 리더를 대상으로 한 360도 평가 결과가 있어요. 첫 번째, 밀기와 당기기가 모두 낮은 리더와 일하는 직원들은 자신감과 만족도가 가장 낮았어요. 두 번째, 밀기만 높은 리더는 직원들의 자신감은 어느 정도 높았지만 직장 만족도는 낮았고요. 세 번째, 당기기만 높은 리더는 직원들의 직장 만족도는 높았지만 조직 목표 달성에 대한 자신감은 제한적이었어요. 마지막으로, 밀기와 당기기를 모두 잘 사용하는 리더와 일한 직원들은 자신감과 만족도가 모두 최고치였답니다."

"정말 흥미롭네요. 상황에 맞춰 균형을 잡는 게 얼마나 중요한지 다시 느끼게 되네요."

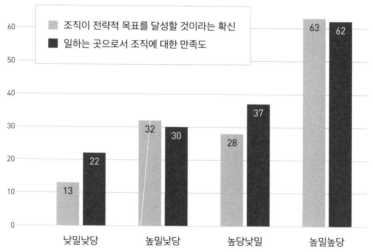

밀기와 당기기 리더십이 자신감과 만족도에 미치는 영향

출처: Folkman, J. (2022). To get results, the best leaders both push and pull their teams. Harvard Business Review.

"결국 두 가지 방식을 균형 있게 사용하는 리더가 가장 효과적이라는 말씀이군요."[70]

"맞아요. 직원들에게 명확한 지침을 제공하면서도 자율성과 영감을 함께 준다면 팀원들은 성과에 대한 자신감을 얻고 직장에 대한 만족도도 높아질 수 있답니다."

03 상황별 밀당 리더십 전략

"그런데 두 가지 스타일을 동시에 사용하는 게 쉽지 않을 것 같은데, 어떤 점을 유의해야 할까요?"

"가장 중요한 건 상황과 목표를 정확히 이해하고, 그에 맞게 선택적으로 활용하는 거예요."

밀기와 당기기 리더십의 효과적인 활용[62]

구분	밀기 리더십 스타일(Push)	당기기 리더십 스타일(Pull)
개념	리더가 자신의 권한과 지시를 활용해 팀을 이끄는 리더십 스타일	리더가 팀원의 자율성과 동기를 이끌어내는 협력적 리더십 스타일
특징	• 명확한 지침 제공 • 기한 설정과 책임 부여 • 강력한 통제와 빠른 의사결정	• 비전 공유 • 아이디어 경청 • 자율성과 참여 중심의 환경 조성
적합한 상황	• 위기 상황 • 긴급한 의사결정 필요 • 단기 프로젝트 • 명확한 방향 설정 요구	• 창의성과 협력이 필요한 환경 • 장기적 목표 추구 • 수평적 조직문화

장점	• 신속한 실행 가능 • 명확한 책임 분배 • 혼란 최소화	• 직원의 동기부여 강화 • 창의적 아이디어 촉진 • 협력적 팀워크 조성
단점	• 창의성과 자율성 억제 • 동기부여 저하 • 높은 스트레스 유발 • 일방적 소통	• 방향성 부족 가능성 • 의사결정 지연 • 책임 회피 발생 • 성과 저하
대표적인 활용 조직	• 위계 구조가 강한 전통적 조직 • 위기 관리 중심 조직	• 창의성과 혁신이 중요한 조직 • IT, 디자인 연구개발 등
대표 리더 유형	• 경험이 많고 전문성을 바탕으로 지시 중심 리더십을 선호하는 리 더	• 팀의 성장과 협업을 중요하게 여 기는 리더 • 밀레니얼, Z세대 선호 경향

"밀기 리더십은 긴급 상황이나 단기 목표 달성이 필요할 때 효과적이에요. 예를 들어, 한 영업팀장은 경쟁사의 공격적 영업으로 자신의 담당 지역에서 기존 고객을 대규모로 뺏기는 일이 발생했을 때 신속하게 본부에 보고하고 인원과 자원을 지원받아서 일사불란하게 대처해서 위기를 극복했던 사례가 있어요.

그런 상황에서는 리더가 직원들에게 일일이 의견을 묻고 참여시키면서 의사결정을 미루다 보면 가장 중요한 타이밍을 놓치게 되죠.

반대로 당기기 리더십은 창의적 협력이나 장기적인 성장, 복잡한 문제 해결이 필요할 때 적합합니다. 예를 들어 한 서비스 조직에서는 고객 서비스 강화를 위한 우수 아이디어를 직원들에게 공모해서 이를 실제 적용해서 혁신적인 결과를 냈던 사례가 있어요. 그 관리자가 전사 전략회의에서 우수사례로 선정되어 발표도 했지요."

"역시 상황에 따라 두 가지를 적절히 조합해야 한다는 말씀이시

군요."

"그렇죠. 밀기와 당기기는 옳고 그름의 문제가 아니라 효과성의 문제예요. 리더가 두 가지 방식을 조화롭게 활용하면, 단기적으로는 성과를 내고, 장기적으로는 팀원들의 자율성과 창의성을 이끌어낼 수 있답니다."

"오늘 말씀을 들으니 리더십이 고정된 스타일이 아니라, 상황과 목표에 따라 유연하게 변화해야 한다는 걸 깨닫게 되네요."

"아주 중요한 깨달음이에요, 다니엘. 리더십은 다양한 도구가 담긴 상자와 같아요. 어떤 도구를 언제 어떻게 사용하는지가 리더의 역량을 결정짓죠. 골프도 코스 거리와 지형에 맞게 사용하도록 클럽이 다양하잖아요. 드라이버 하나만 가지고 18홀 플레이를 할 수 없듯이요."

"제가 요즘 골프에 관심이 있어서인지 리더십이 골프와 유사하다는 생각이 드네요. 거리와 환경에 맞게 클럽을 사용해야 하고 생각처럼 마음대로 되지 않는 점이 정말 똑같은 것 같아요.

긴 시간 동안 정말 많은 걸 배우고 인사이트를 얻었습니다. 앞으로 밀기와 당기기 리더십을 유연하게 활용하며, 팀원들이 자율성과 자신감을 동시에 가질 수 있도록 노력하겠습니다."

"다니엘이라면 분명 훌륭한 리더가 될 거라 믿어요. 리더십은 끝없이 배우고 실천하는 과정입니다. 계속 성장하는 리더가 되길 바라요."

밀기와 당기기 리더십이 대립하는 개념이 아니라, 상황에 따라 조화롭게 활용해야 하는 상호 보완적인 전략이라는 점을 깊이 이해하게 되었습니다.

1. **밀기 리더십:** 명확한 방향 제시와 신속한 의사결정이 필요한 긴급 상황에서 효과적이다.
2. **당기기 리더십:** 창의적 협력과 장기적 성장, 복잡한 문제 해결에 적합하다.
3. **균형의 중요성:** 두 가지 방식을 적절히 조합하는 리더가 팀원들의 자율성과 자신감을 동시에 높일 수 있다.

이 배움을 바탕으로 다음과 같이 실천하겠습니다.

1. **상황에 맞는 리더십 선택:** 단기 성과가 필요한 경우 밀기 전략을, 장기적 몰입과 창의성이 필요한 경우 당기기 전략을 활용하겠습니다.
2. **명확한 목표와 자율성의 조화:** 팀원들에게 방향성을 제공하되, 실행 과정에서는 자율성을 보장하여 몰입도를 높이겠습니다.
3. **신뢰 기반의 리더십 실천:** 지침을 주는 것과 동기를 부여하는 균형을 유지하며, 팀원들이 주체적으로 성장할 수 있도록 지원하겠습니다.

밀기와 당기기를 유연하게 활용하는 것이 리더십의 핵심이라는 점을 다시금 깨달았습니다. 배운 내용을 실천하며, 성과와 팀원들의 성장 모두를 고려하는 리더가 되겠습니다.

다니엘 드림

에필로그 애티튜드 리더십의 여정을 함께하며

　리더십은 정답을 찾는 여정이 아닙니다. 그것은 늘 변화하는 현실 속에서 가장 적합한 길을 찾아가는 끝없는 탐구입니다. 이 책이 다른 리더십 서적과 다른 점이 있다면, "이럴 때 이렇게 하라"는 정해진 답을 주기보다, 리더십의 본질을 이해하고 자신만의 길을 만들어가 도록 돕는 데 더 큰 가치를 두었다는 점입니다. 독자들이 각자의 조 직과 팀에 맞는 리더십을 창조적으로 확장하고 적용할 수 있기를 진 심으로 바랍니다.

　워렌 베니스Warren Bennis는 "누군가 리더십에 관한 책을 쓸 때마 다 리더십은 더욱 모호해진다"라는 말을 남겼습니다. 그만큼 리더 십은 정의 내리기 어려운 영역입니다. 사실 이 책을 쓰며 저 역시 두 려움과 설렘이 교차했습니다. 혹여나 이 책이 리더들에게 또 하나의 '정답'을 강요하지는 않을까, 리더십이라는 주제를 더 복잡하게 만 들지는 않을까 고민도 많았습니다. 하지만 제가 이 책을 쓰기로 결 심한 이유는 단 하나였습니다. 답을 주기 위해서가 아니라, 리더십의 '왜Why'를 묻고 스스로 답을 찾을 수 있는 단초를 제시하기 위해서였 습니다.

　이 책이 세상에 나올 수 있었던 건 용기 있는 결정을 내려준 플랜 비디자인의 아낌없는 지지 덕분입니다. 이미 수많은 리더십 서적을

출간한 출판사가 또 하나의 리더십 책을 내놓는다는 건 분명 도전이었을 것입니다. 그럼에도 리더십의 새로운 이야기를 세상에 전할 수 있도록 믿어주신 데 깊은 감사를 드립니다.

그리고 함께 리더십의 본질을 끊임없이 탐구하며 제 사고의 지평을 넓혀준 소중한 리더십 도반들에게도 진심 어린 고마움을 전합니다. 김용현 대표, 조부경 대표, 박지영 대표, 배원진 대표, 김정연 대표는 제가 진행한 리더십 전문가 과정에서 날카로운 질문과 깊이 있는 통찰로 제 생각을 더욱 풍요롭게 만들어 주었습니다. 이들의 끈기와 열정 덕분에 이 책의 내용 또한 더 입체적이고 풍부해질 수 있었습니다.

리더는 결과를 만들어내야 합니다. 하지만 목표 달성은 리더십의 전부가 아닙니다. 진정한 리더십은 사람의 마음을 움직이는 것입니다. 직원들이 자신의 가치를 발견하고, 그 가치가 조직의 성공에 연결된다는 자부심을 느낄 때, 조직은 진정한 성장을 이룹니다. 그 과정에서 리더는 방향을 제시하는 나침반이자, 구성원들이 자신의 길을 찾아갈 수 있도록 이끌어주는 따뜻한 동반자가 되어야 합니다.

이번 책을 쓰며 저 역시 특별한 여정을 걸었습니다. 그동안 변화와 혁신에 관한 책을 꾸준히 써왔지만, 리더십은 언제나 제게 풀리지

않는 숙제처럼 남아 있었습니다. 이번 책을 통해 저는 리더십에 대한 심리적 빚을 갚고, 새로운 시작을 맞이하는 기쁨을 느꼈습니다.

이 책이 리더십을 배우고 실천하는 모든 이들에게 작은 등불이 되기를 바랍니다. 리더십은 단 한 번에 완성되지 않습니다. 그것은 배우고 실천하며 끊임없이 성장하는 과정입니다. 여러분이 이 책과 함께 자신만의 리더십을 꽃피우는 여정을 시작할 수 있기를 진심으로 응원합니다.

고맙습니다.

변화디자이너
허일무 박사

미주

1   한국경제. (2018, June 22). 노하우know-how와 노왓know-what. 한국경제신문.

2   하이페츠, R. A., 외 2명. (2017). 어댑티브 리더십. 진저티프로젝트 출판팀 (역). Slowalk.k.

3   Robbins, S. P., & Judge, T. A. (2018). 핵심 조직행동론. 김광점, 박노윤, 설현도 (역). 시그마프레스.

4   위 '3번'의 출처와 동일

5   위 '3번'의 출처와 동일

6   Radio Korea. (2018, March 22). 인생을 재창조하는 기술 "Be, Know, Do." Radio Korea US LIFE. 워렌 베니스의 저서 On Becoming a Leader (1989)에 나오는 개념

7   유리크, T. (2018). 자기통찰, 내가 원하는 내가 될 것인가. 김미정 (역). Justbooks.

8   Flavell, J. H. (1979). Metacognition and cognitive monitoring: A new area of cognitive-developmental inquiry. *American Psychologist*, *34*(10), 906–911.

9   Judge, T. A., & Klinger, R. (2008). Job satisfaction: Subjective well-being at work. In M. Eid & R. J. Larsen (Eds.), *The science of subjective well-being* (pp. 393–413). Guilford Press.

10 Kanungo, R. N. (1982). Measurement of job and work involvement. *Journal of Applied Psychology*, *67*(3), 341–349.

11 Schaufeli, W. B., Salanova, M., González-Romá, V., & Bakker, A. B. (2002). The measurement of engagement and burnout: A two sample confirmatory factor analytic approach. *Journal of Happiness*

Studies, *3*(1), 71-92.

12　Gallup. (2024). *State of the global workplace report*. Gallup.

13　LG Business Insight. (2010, February 24). 구성원이 몰입하지 못하는 이유.

14　Edmondson, A. C. (1999). Psychological safety and learning behavior in work teams. *Administrative Science Quarterly*, *44*(2), 350-383.

15　Bakker, A. B., & Demerouti, E. (2007). "The Job Demands-Resources model: State of the art." *Journal of Managerial Psychology*, *22*(3), 309-328.

16　이춘우, & 안명희. (2024). 서울특별시 중간관리자의 솔선수범행동과 부하의 직무만족 및 직무성과. 서울도시연구, 12(2), 189-215.

17　매일경제. (2012, November 28). 美캠벨 살린 전설적 CEO 더글러스 코넌트. 매일경제신문.

18　Bandura, A., & Walters, R. H. (1963). *Social learning and personality development*. Holt, Rinehart & Winston.

19　LG Business Insight. (2011, June 8). 이런 리더가 신뢰받는다. *LG Business Insight*.

20　네이버 지식백과. (n.d.). Trust [신뢰]. Retrieved February 27, 2025

21　Mayer, R. C., Davis, J. H., & Schoorman, F. D. (1995). An integrative model of organizational trust. *Academy of Management Review*, *20*(3), 709-734.

22　Homans, G. C. (1958). Social behavior as exchange. *American Journal of Sociology*, *63*(6), 597-606.

23　MIT Sloan Management Review/Glassdoor. (2019). Culture 500 Index

24　Mayer, R. C., Davis, J. H., & Schoorman, F. D. (1995). An integrative model of organizational trust. *Academy of Management Review*, *20*(3), 709-734.

25　Future Forum Pulse Report Winter 2022-2023, p10

26　University of Birmingham. (2017). Workers experiences of

autonomy at work.

27 위 '25번'의 출처와 동일

28 https://www.flexjobs.com/blog/post/survey-flexible-work-job-choices

29 Deci, E. L., & Ryan, R. M. (1985). *Self-determination theory.* Psychology Press.

30 Higgins, E. T. (1998). Promotion and prevention: Regulatory focus as a motivational principle. *Advances in Experimental Social Psychology, 30,* 1-46.

31 Neubert, M. J., Kacmar, K. M., Carlson, D. S., Chonko, L. B., & Roberts, J. A. (2008). Regulatory focus as a mediator of the influence of initiating structure and servant leadership on employee behavior. *Journal of Applied Psychology, 93*(6), 1220-1233.

32 Fredrickson, B. L. (2001). The role of positive emotions in positive psychology: The broaden-and-build theory of positive emotions. *American Psychologist, 56*(3), 218-226.

33 Fredrickson, B. L., & Branigan, C. (2005). Positive emotions broaden the scope of attention and thought-action repertoires. *Cognition and Emotion, 19*(3), 313-332.

34 Tugade, M. M., & Fredrickson, B. L. (2004). Resilient individuals use positive emotions to bounce back from negative emotional experiences. *Journal of Personality and Social Psychology, 86*(2), 320-333.

35 포스코인터내셔널. (2022). *2022 기업시민보고서.*

36 Bakker, A. B., Westman, M., & Van Emmerik, I. J. H. (2009). Advancements in crossover theory. *Journal of Managerial Psychology, 24*(3), 206-219.

37 Bakker, A. B., & Demerouti, E. (2013). The spillover-crossover model. In J. Grzywacz & E. Demerouti (Eds.), New frontiers in work and family research (pp. 54-70). Psychology Press.

38   SmartBrief. Pfizer's straight talk on culture. Retrieved February 26, 2025

39   백은정, & 신효정. (2021). 기업 팀장이 인식하는 팀원과의 의사소통 과정 연구. 한국심리학회지: 코칭, 5(2), 25-51.

40   대한상공회의소. (2018). 국내기업의 업무방식 실태보고서.

41   Drucker, P. F. (1974). Management: Tasks, responsibilities, practices. Harper & Row.

42   Hofstede, G. (2011). Dimensionalizing cultures: The Hofstede model in context. *Online Readings in Psychology and Culture*, 2(1).

43   위 '40번'의 출처와 동일

44   Avey, J. B., Avolio, B. J., Crossley, C. D., & Luthans, F. (2009). Psychological ownership: Theoretical extensions, measurement, and relation to work outcomes. *Journal of Organizational Behavior*, *30*(2), 173-191.

45   Conger, J. A., & Kanungo, R. N. (1988). The empowerment process: Integrating theory and practice. *Academy of Management Review*, *13*(3), 471-482.

46   Thomas, K. W., & Velthouse, B. A. (1988). Cognitive elements of empowerment: An "interpretive" model of intrinsic task motivation. *Academy of Management Review*, *15*(4), 666-681.

47   Hastings, R., & Meyer, E. (2020). No rules rules: Netflix and the culture of reinvention. Penguin Press.

48   Strategic Leaders. (2024, September 21). How Patagonia Aligns Strategy Execution with Environmental and Social Responsibility.

49   Arnold, J. A., Arad, S., Rhoades, J. A., & Drasgow, F. (2000). The empowering leadership questionnaire: The construction and validation of a new scale for measuring leader behaviors. *Journal of Organizational Behavior*, *21*(3), 249-269.

50   Robbins, S. P., & Judge, T. A. (2013). *Organizational behavior* (15th ed.). Pearson Education.

51   Gilbert, J. A., & Ivancevich, J. M. (2000). Valuing diversity: A tale of two organizations. *Academy of Management Executive, 14*(1), 93-105.

52   Epley, N., Keysar, B., Van Boven, L., & Gilovich, T. (2004). Perspective taking as egocentric anchoring and adjustment. *Journal of Personality and Social Psychology*, 87(3), 327-339.

53   Ash, M. K. (1995). Mary Kay: You Can Have It All. Prima Publishing.

54   국제라이온스클럽. (2000). 인정의 기술. (E. Harvey, 2000, *180 Ways to Walk the Recognition Talk*에서 재인용).

55   국제라이온스클럽. (2000). 인정의 기술. (p. 13-14의 내용을 기업에 맞게 일부 수정 작성).

56   국제라이온스클럽. (2000). 인정의 기술. (p. 17의 내용을 일부 편집하여 작성).

57   국제라이온스클럽. (2000). 인정의 기술. (p. 8에서 재인용).

58   Kouzes, J. M., & Posner, B. Z. (2008). 리더십 챌린지. 김은경 (역). C Redu.

59   Huseman, R., & Hatfield, J. (1989). *Managing the equity factor*. Houghton Mifflin.

60   Brim, B., & Asplund, J. (2009). Driving engagement by focusing on strengths. Gallup Business Journal.

61   Keltner, D., Gruenfeld, D. H., & Anderson, C. (2003). Power, approach, and inhibition. *Psychological Review, 110*(2), 265-284.

62   Galinsky, A. D., Magee, J. C., Inesi, M. E., & Gruenfeld, D. H. (2006). Power and perspectives not taken. *Psychological Science, 17*(12), 1068-1074.

63   Hogeveen, J., Inzlicht, M., & Obhi, S. S. (2014). Power changes how the brain responds to others. *Journal of Experimental Psychology: General, 143*(2), 755-762.

64   Keltner, D., & Langner, C. A. (2008). Understanding power: Conceptualization and measurement. *Social and Personality Psychology Compass, 2*(4), 2048-2064.

65   Scott, K. (2017). Radical candor: Be a kick-ass boss without losing your humanity (S. Park, Trans.). St. Martin's Press.

66   'FIT'은 저자가 기존에 있는 다양한 피드백 모델을 이해하기 쉽게 수정하여 새롭게 구성한 피드백 모델임. 피드백은 피드백을 받는 대상에게 적합해야 한다(fit)는 의미를 담고 있음.

67   Crane, T. G. (2001). *The Heart of Coaching: Using Transformational Coaching to Create a High-Performance Culture*. FTA Press.

68   Folkman, J. (2022). 최고의 리더는 목표를 이루기 위해 팀을 밀고 당긴다. 하버드비즈니스리뷰 코리아.

69   위 '68'의 출처와 동일

70   위 '68'의 출처를 기반으로 내용을 변경하고 추가하여 정리함.

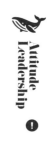

애티튜드 리더십

초판 1쇄 발행	2025년 4월 18일
지은이	허일무
책임편집	김다혜
편집	윤소연
디자인	페이퍼컷 장상호
마케팅 총괄	임동건
경영 지원	임정혁, 이순미
펴낸이	최익성
펴낸 곳	플랜비디자인
출판 등록	제2016-000001호
주소	경기도 화성시 동탄첨단산업1로 27 동탄IX타워 A동 3210호
전화	031-8050-0508
팩스	02-2179-8994
이메일	planbdesigncompany@gmail.com

ISBN 979-11-6832-167-0 03320